中国文化知识读本
Zhongguo Wenhua
Zhishi Duben

清明与寒食

主编 金开诚

编著 高英慧

吉林出版集团有限责任公司

吉林文史出版社

图书在版编目（CIP）数据

清明与寒食 / 高英慧编著. –– 长春：
吉林出版集团有限责任公司：吉林文史出版社，2009.12 （2023.4重印）
（中国文化知识读本）
ISBN 978-7-5463-1952-0

Ⅰ. ①清… Ⅱ. ①高… Ⅲ. ①节日-风俗习惯-简介
-中国 Ⅳ. ①K892.1

中国版本图书馆CIP数据核字(2009)第237198号

清明与寒食

QINGMING YU HANSHI

主编/ 金开诚　编著/高英慧

项目负责/崔博华　责任编辑/曹　恒　崔博华

责任校对/袁一鸣　装帧设计/曹　恒

出版发行/吉林出版集团有限责任公司　吉林文史出版社

地址/长春市福祉大路5788号　邮编/130000

印刷/天津市天玺印务有限公司

版次/2009年12月第1版　印次/2023年4月第5次印刷

开本/660mm×915mm　1/16

印张/8　字数/30千

书号/ISBN 978-7-5463-1952-0

定价/34.80元

编委会

前 言

　　文化是一种社会现象，是人类物质文明和精神文明有机融合的产物；同时又是一种历史现象，是社会的历史沉积。当今世界，随着经济全球化进程的加快，人们也越来越重视本民族的文化。我们只有加强对本民族文化的继承和创新，才能更好地弘扬民族精神，增强民族凝聚力。历史经验告诉我们，任何一个民族要想屹立于世界民族之林，必须具有自尊、自信、自强的民族意识。文化是维系一个民族生存和发展的强大动力。一个民族的存在依赖文化，文化的解体就是一个民族的消亡。

　　随着我国综合国力的日益强大，广大民众对重塑民族自尊心和自豪感的愿望日益迫切。作为民族大家庭中的一员，将源远流长、博大精深的中国文化继承并传播给广大群众，特别是青年一代，是我们出版人义不容辞的责任。

　　本套丛书是由吉林文史出版社和吉林出版集团有限责任公司组织国内知名专家学者编写的一套旨在传播中华五千年优秀传统文化，提高全民文化修养的大型知识读本。该书在深入挖掘和整理中华优秀传统文化成果的同时，结合社会发展，注入了时代精神。书中优美生动的文字、简明通俗的语言、图文并茂的形式，把中国文化中的物态文化、制度文化、行为文化、精神文化等知识要点全面展示给读者。点点滴滴的文化知识仿佛颗颗繁星，组成了灿烂辉煌的中国文化的天穹。

　　希望本书能为弘扬中华五千年优秀传统文化、增强各民族团结、构建社会主义和谐社会尽一份绵薄之力，也坚信我们的中华民族一定能够早日实现伟大复兴！

目录

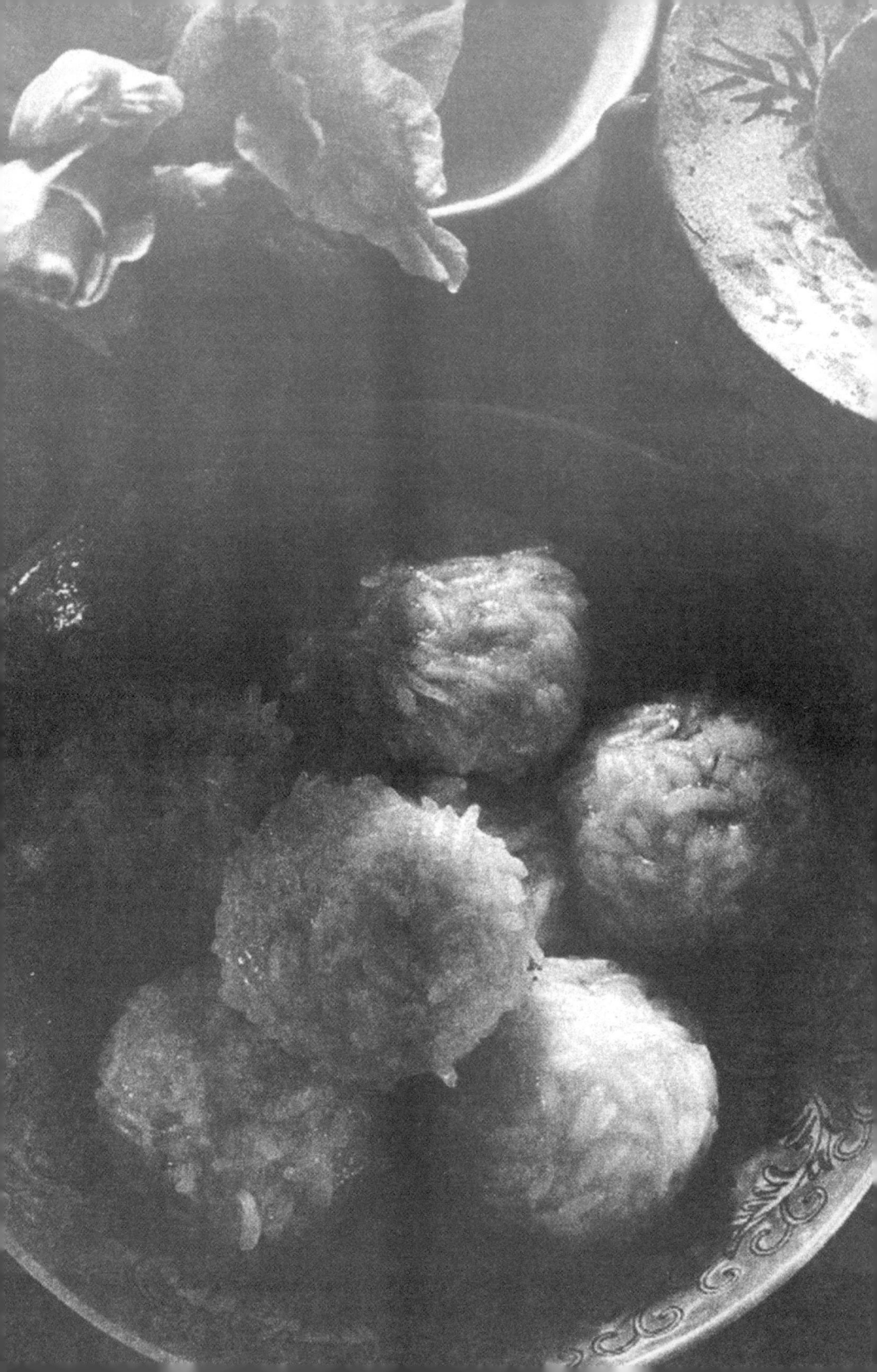

一、寒食节的起源

（一）寒食传说

春秋时期，晋国国君晋献公的大儿子叫重耳。继母骊姬想让自己的儿子奚齐继承国君，千方百计要害死重耳。重耳不得已只好逃出晋国，在外边过着逃亡的生活。跟随他出逃的还有一些文臣武将。

晋献公死后，重耳的异母弟弟夷吾做了国君，就是晋惠公。晋惠公觉得哥哥重耳虽然逃亡在外，但终究是祸害，不把他除掉，自己的地位早晚要不稳。他就派了几个身强力壮的武士，秘密去刺杀重耳。没想到这件事走漏了风声，有人急忙去给重耳送信。

晋国古城出土文物

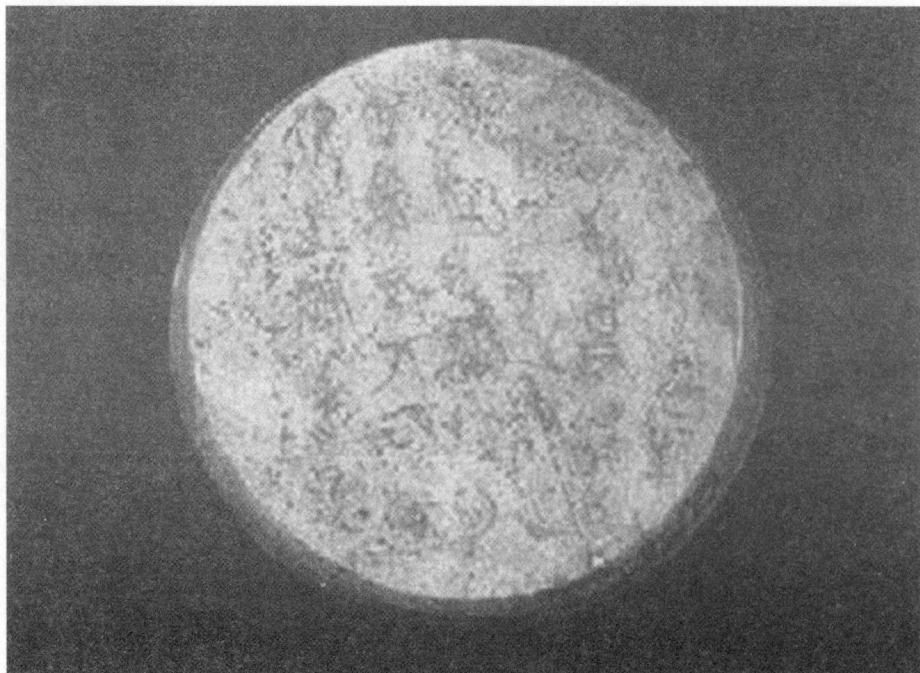

当时，重耳正在狄国住着，得知这个消息后，慌忙召集他的随从，商量往齐国逃跑。忙乱之中，行李和盘缠都叫一个赶车的给偷跑了。一群人急急忙忙逃出来，因为没有行李盘缠，一路上只得以乞讨为生。时时刻刻提心吊胆，只怕有人来追杀他们，就这样跑了六七天。这一天，来到卫国的郊外，这里前不着村，后不挨店，连个人影也看不见。六月的天气，又是大中午，太阳像个火球似的，烤得人浑身难受。他们从早晨到中午，跑了几十里路，还滴水未进，又饥，又渴，又热，又累，真是人困马乏。特别是重耳，哪吃过这种苦，已经是有气无力，连走一步都十分困难了。重耳看见前面有棵大树，用手指了指说："咱们到大树下歇一歇，找点吃的。"刚到大树底下，重耳连饿带累就瘫倒在地，昏过去了。众人急忙将重耳救醒。于是，几个人分头去找吃的，剩下的都横七竖八地躺在地上歇着。

出去找吃食物的人陆续回来了，都是两手空空。连个人家都没有的地方，到哪里去找吃的？众人看着重耳都发愁了，怎么办？大家出来就是为了保护重耳，他要

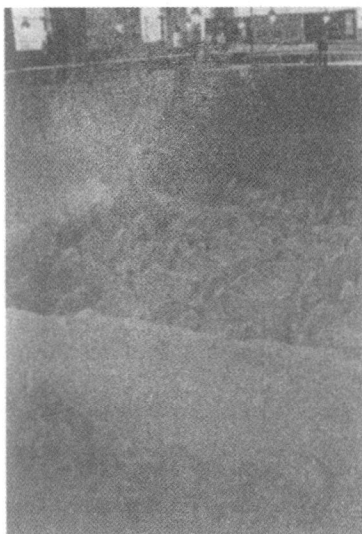

晋代车马坑

比兵马俑早 600 年的晋国车马坑

是有个三长两短，那不就前功尽弃了吗？正在为难之际，只见一个叫介子推的武将，双手端着一个冒着热气的盆儿，一瘸一拐地走过来。到跟前一看，是一盆儿肉汤，大伙儿赶忙把重耳扶起来，把肉汤端给他。重耳一见是肉汤，不问青红皂白，一下吃了个精光。吃了以后，人也有了精神。猛然，他觉得有些不对劲儿，忙问："这种地方，你怎么弄来的肉汤？"

介子推回答："是我大腿上的肉。"

重耳一听，吃了一惊，众人也都是一愣，怪不得刚才回来时一瘸一拐的。重耳的泪顺着脸颊流下来，说："都是我连累了你，连累了大家，让我以后怎么报答你呀？"介子推说："我们但愿你早归晋国，当一个好国君，使百姓安居乐业，并不想让你怎么报答。"

重耳含泪，连连点头。这时，又有一个人弄来些稀粥，大家分着吃了些，急忙往前赶路。

重耳一伙饥一顿、饱一顿地总算到了齐国。这时齐国国君齐桓公正在笼络各路诸侯，想建立霸业，所以，就把他们收留和保护起来。

后来，重耳在齐国和秦国的帮助下，返

回了晋国，当了国君，就是晋文公。晋文公即位以后，曾在晋惠公手下做过大夫的吕省、郤芮发动了叛乱，晋文公又调兵遣将，平息了这次叛乱，国内总算安定下来。

晋文公随后举行了复国封赏大典，原来跟随他逃难的难兄难弟，全都加官进爵，成了晋国显赫一时的人物。那些同情过、接济过他的人也都做了官，对投降归附的旧臣也都作了适当安排，又下令寻找那些该封赏而没有受到封赏的人。

在封赏中，人们没有看见跟随文公一起出逃的介子推，都觉得很奇怪。原来，重耳回到晋国以后，介子推只随群臣朝见了一次，就回家了。介子推这个人很正直，很看不惯朝里有些人专靠阿谀奉承过日子，不愿意和他们在一起。他还有个老母亲六十多岁了没人照顾，介子推很孝顺，就推说有病，回家和老母亲一起生活。自己耕种田地，闲了就打草鞋卖。由于介子推很长时间不在朝里，以至于晋文公论功行赏时，就把他给忘了。

介子推有个邻居，名叫张解。看到介子推没有得到封赏，很是愤愤不平，就到介子推家报告消息，让他去请赏。介子推

春节祭祖

只是微微一笑，没有作声。老母亲听到这个消息，喜上眉梢，说："儿啊，你跟重耳逃难十九年，历尽千辛万苦，又有功劳，为什么不请赏，难道享受荣华富贵不比你成天弯腰织草鞋卖强吗？"

介子推说："重耳能当国君是上天的意思，现在有的人争权夺利，真不知羞耻。我宁愿终身打草鞋养活老母亲，也不敢贪天之功为己有，去争一官半职。"

老母亲又说："儿啊，你不愿当官，去说一说也好嘛，不要埋没了你的功劳。"介子推说："我既然不想当官，不想得利，见他做什么呢？"

老母亲见他态度坚决，也就不说什么了。

介子推母子塑像

介子推想了想，对母亲说："我非常喜爱绵山，那里山高水清，土地肥沃，森林茂密，正适合我们居住。"

母子二人商量好以后，收拾了一些简单行装，介子推背着老母亲上了绵山。

张解心里总为介子推没得到封赏而不平，他就写了一篇诗文，挂到文武百官来来往往的朝门上。有人看了不知说的什么，就揭下来送给文公，文公接过来一看，只见上面写着：

绵山风光

蛟龙失掉了主子的宠爱，没有深潭可以躲藏。众蛇曾随他周游各地，有一天蛟龙饿得昏了过去。一条蛇把自己的股肉献上，蛟龙吃了才有力气继续逃亡。蛟龙重新返回深潭，众蛇也住进了新房。只有一条蛇仍无住处，背负老母流落荒野，十分悲伤。

文公看罢，恍然大悟，说："哎呀，我怎么把介子推给忘了，真是老糊涂了。"于是急忙派人去召介子推，但介子推早走了。文公就把张解找来，询问介子推的下落。张解把介子推逃封的情况说了，答应领路去找。晋文公当下备车驾马，亲自率领文臣武将去寻找介子推。

晋国青瓷俑

　　大队人马来到绵山，找了好几天，也没有踪影。有人建议说："介子推最孝顺，要是放火烧森林，他一定会背着母亲跑出来。"文公觉得这也是个办法，就下令放起火来。火乘风势，风助人威，漫天大火烧了三天才灭，可是始终没见介子推出来。文公又派人搜山，只见他们母子二人相抱在一起，烧死在一棵大柳树下。晋文公望着介子推的尸体哭拜一阵，然后安葬遗体，发现介子推脊梁堵着个柳树树洞，洞里好像有什么东西。掏出一看，原来是片衣襟，上面题了一首血诗，诗云：

　　割肉奉君尽丹心，但愿主公常清明。

　　柳下作鬼终不见，强似伴君作谏臣。

　　倘若主公心有我，忆我之时常自省。

　　臣在九泉心无愧，勤政清明复清明。

　　晋文公将血书藏入袖中。然后把介子推和他的母亲分别安葬在那棵烧焦的大柳树下。为了纪念介子推，晋文公下令把绵山改为"介山"，在山上建立祠堂，并把放火烧山的那一天定为寒食节，晓谕全国，每年这天禁忌烟火，只吃寒食。

　　临走时，他伐了一段烧焦的柳木，到宫中做了双木屐，每天望着它叹道："悲哉足下。""足下"是古人下级对上级或同辈之间相互尊敬的称呼，据说就是来源于此。第二年，晋文公领着群臣，素服徒步登山祭奠，表示哀悼。行至坟前，只见那棵老柳树死树复活，绿枝千条，随风飘舞。晋文公望着复活的老柳树，像看见了介子推一样。他敬重地走到跟前，珍爱地掐了一下枝，把柳枝编了一个圈戴在头上。祭扫后，晋文公把复活的老柳树赐名为"清明柳"，又把这天定为"清明节"。

以后，晋文公常把血书带在身边，作为鞭策自己执政的座右铭。他勤政清明，励精图治，把国家治理得很好。此后，晋国的百姓得以安

绵山风光

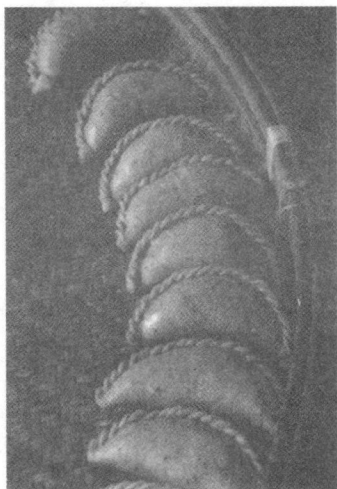
清明艾果

居乐业，对有功不居、不图富贵的介子推非常怀念。每逢他死的那天，大家用禁止烟火的方式来表示对他纪念。还用面粉和着枣泥，捏成燕子的模样，用杨柳条穿起来，插在门上，召唤他的灵魂，这东西叫"之推燕"（介子推亦作介之推）。此后，寒食、清明成了我国民间重要的传统节日。每逢寒食，人们不生火做饭，只吃冷食。在北方，老百姓只吃事先做好的冷食，如枣饼、麦糕等；在南方，则多为青团和糯米糖藕。每到清明，人们把柳条编成圈戴在头上，把柳条枝插在房前屋后，以示怀念。

虽然传说一般都是不真实的，但从传说中却也看出了清明与寒食两个节日之间的紧密联系，这是值得注意的，也是这个传说的价值所在。另外，从古代的典籍资料上看，寒食节确有禁火、吃寒食、祭祀扫墓这些风俗习惯，介子推的传说不过是人们将这些风俗通过想象串联在一起罢了，如单就传说真实与否讨论不休的话，反倒是吹毛求疵了。

（二）历史上的寒食

离开传说，让我们客观分析一下寒食这个节日，其产生应该与古代的星辰崇拜有关。

按照地理方位看，山西太原地区相对应的是属水的参星。但是到了春天，火属性的晨星力量变强，一天天变得明亮，这对于山西太原一带人自己的属星显然不利，所以他们纷纷采取断火的手段来削弱"火"的影响，以此增强自己水属性的参星的力量。这是山西太原地区最早而且长时期流行寒食的一个主要原因，而介子推本就是山西一带的人，这样看，传说的产生也就合情合理了。

春秋时期的布币

寒食在东汉末期主要在山西地区流行，汉代刘向的《别录》就记载了当时逢寒食有踢球的习俗。再后来，后汉末至南北朝，介子推被焚的传说被附会于寒食。这一附会对寒食的普遍流行起到了推动作用。因为这一传说凸显了当时的三种道德标准——忠、德、孝。介子推伴重耳流亡十九年，割股啖君，忠心可表；功成身退，不求君主回报恩情，隐居山林，堪称有德之士；亲身服侍老母，孝心可嘉。这样高尚的品格无疑是人人都要推崇的，传说所到之处自然人人皆生敬畏之心。介子推就如同神明一般，不仅是其亲朋好友应该禁火祭奠，所有崇尚其品格的人也应对其表

介子推庙

示敬仰。这样，一个地方性的风俗很快波及全国，并成为中华民族的一种文化信仰。

尤其是介子推的家乡——山西地区，其盛行程度已达"每冬中辄一月寒食，莫敢烟爨，老小不堪，岁多死者"的程度。北方苦寒，数日或一个月不生火，人们如何忍受？东汉周举当并州刺史时，所属太原一郡的百姓认为，介子推被火烧死，所以为祭奠他，在特定的一个月里，没有人生火，只吃先前准备好的冷食。这一个月偏偏还在隆冬，太原地处北方，气候异常严寒，一个月不生火，日子何等难过？别的不说，这期间只吃冷食，青壮年尚且吃不消，老弱病残如何能熬得过来？周举知道后，便准备革此陋俗。他写了一篇文章，放到介子推的庙里。文章说：严冬灭火，严重地损害了百姓的身体健康，这不是像您这样的贤者的本意，应当让人们不再隆冬灭火。周举又向百姓宣传，强调禁火损伤身体，不是介子推这样的贤者所喜欢的，他若是看到也不会同意的，叫他们不必在介子推死亡的这一月禁火寒食。这样一来，"众惑稍解，风俗颇革"。（《后汉书·周举传》）

可是这样算起来，介子推被烧死、当地百姓禁火寒食，都是在隆冬，而不是我们今天所认为的清明前夕的那段时间。到曹操时，山西太原、上党、西河、雁门等地，又在冬至后第一百零五天，绝火寒食。（见曹操《阴罚令》）冬至后第一百零五天，正好是清明前夕。曹操当政是在东汉末年，与周举当并州刺史的时候，相隔也只有那么五六十年，为何太原等地，在周举当刺史时，在隆冬禁火寒食，而到了曹操当政时，则在冬至后第一百零五天禁火寒食了？是为了响应周举的号召，又不肯废弃传统，就选择折中的办法，将时间后移，减轻禁火寒食所造成的种种困难，将损失减少到最小。这样解释看似合乎情理，可

介神庙

寒食节的起源

为什么不把时间干脆拖延到盛夏，那时不生火、吃冷食岂不是更舒服？这样看来，将时间移到冬至后第一百零五天是专订设立的。

这样设立的原因大概有两个：第一，此时在古代是"修火禁"期间。《周礼·秋官》中规定，每年仲春二月要"修火禁"。这种所谓"修火禁"，并不是"禁火"，即禁绝一切火种和火的使用，而是加强火的管理和采取相关的措施，把对火种和火的使用，限制在一定范围之内，主要目的是防止火灾的发生。这样的制度在当代的宣传标语里还能找到痕迹——"春季草木干，防止火烧山"，其实就是通过条文的形式来减少火灾发生的几率。冬至后第一百零五天，在仲春之末，

绵山因春秋介子推而闻名海内外

这时行禁火寒食之俗，正好与古代仲春"修火禁"相应，具有加强火禁的作用。这样既遵守了国家的法令，又传承了风俗习惯，可谓一举两得。更重要的是，在这时禁火寒食与《周礼·秋官》相适应，有儒家理论经典作为依据，又有了"修火禁"这样的古俗作为基础，更易于为人们所接受，易于普及、扎根，起到很好的自我宣传作用，寒食节的时间就这样成为了沿用到后世的准则；第二，这时是仲春之末，天气渐趋暖和，也不再禁火整整一个月，而是单取寒食一天或前后几天。这样，就可以大大地减少由于禁火寒食之俗所造成的种种危害和诸多不便。因此，把禁火寒食之俗移到冬至后第一百零五天，既照顾到了与古代"修火禁"之俗相应，又尽可能照顾到了有个暖和的气候，这是巧妙而又合理的安排，正是靠着这些有利的变化，才使得这项风俗得以不断完善，大力普及。

清明时节

　　尽管冬至后第一百零五天禁火寒食，比以前的隆冬一月禁火寒食，害处要小得多，但是曹操还是认为，太原等地天气寒冷，即便是在冬至后第一百零五天禁火寒食，也有损人们的身体健康。所以，他还

清明之晨

是下令禁止：“犯者，家长半岁刑。主吏百日刑，令长夺一月俸。”（《阴罚令》）但也许是由于当时天下不稳，三国割据一方的缘故，曹操的这项禁令并没有引起巨大反响，执行起来也就不够认真，以至于冬至后第一百零五天禁火寒食之俗就这样不仅没有被废止，而且还扩展开去，流传各地，到唐宋时期已成为全国性的大节日——寒食节。

提到山西并州的寒食风俗，还有这样一段典故。石勒统治并州的时候曾发出过禁止寒食的命令，可就在第二年，当地就发生了罕见的冰雹灾害，雹子下得很凶，平地三尺，大的有鸡蛋大小，来不及避让的民众及畜养的牲畜死伤惨重。在迷信神明的古代社会，这就暗示着这场灾祸是由于人们不遵循风俗，上天所施加的惩罚，结果石勒又专门解除了不许并州寒食的禁令，可谓奇事一桩。晋代《邺中记》记载到："并州俗，冬至后一百五日，为介之推断火，冷食三日。"由此可知，在晋代，禁火寒食之俗所流行的地域，尚以山西并州等地为主。南朝梁宗懔《荆楚岁时记》记载的荆楚地区岁时节俗中，已有冬至后第一百零五天禁火寒食之俗。荆楚地区，与太原等地相聚遥远，由此可以推断，到了南北朝时期，这种禁火寒食的风俗已经不限于在山西并

古代寒食节场景

李渊画像

州等地了，而是已经发展为全国性的节俗了。

通过上文的事典分析不难发觉，在唐朝以前，寒食在山西地区已经成为非常重要的节日，在民俗中占有相当重要的地位。但到了唐代，寒食节的影响范围扩大到了全国，成了全国性的大节日。朝廷不仅不像历朝历代对寒食禁火采取反对甚至禁断的态度，而且对这一节日给以正式的认可，并把它纳入到国家正式的节日之中，成为与元日、冬至并列的一个大的节日。从此，寒食节摆脱了被官方禁断的命运，在官方的支持和倡导下，在官、民双重力量的作用下发展出了一系列特征鲜明、格调突出的节俗活动，从而成为唐代最引人注目的全民族的节日。时人王冷然的《寒食篇》："天运四时成一年，八节相迎尽可怜。秋贵重阳冬贵腊，不如寒食在春前。"这首诗很能说明寒食节在唐代所有节日中的突出地位。

那么有个问题产生了，为什么相较前代朝廷对待寒食的态度，到了唐代会有如此巨大的改变呢？对于这个问题的答案要用前面提到的属星意识来解释一下。唐朝之所以称之为"唐"，传统意义上的解释是因为从表面上看，"唐"国号取之于唐高祖李渊曾袭

保存完整的晋国战车坑

封"唐国公"，他称帝后自然以"唐"为国号，这也是中国历史上朝代国号定名的惯例与范式。如汉高祖刘邦曾封"汉王"，其王朝国号为"汉"；曹操封"魏王"，其后立国号"魏"；司马昭封"晋公"，其国号为"晋"；杨坚袭爵"隋国公"，称帝后国号为"隋"；李唐王朝也不例外。但实际上，"唐"及"唐国"均出自山西。"唐"即陶唐氏，传说为远古部落名，居于平阳（今山西临汾西南），尧是其领袖，故后人称"唐尧"。到了商代，尧的后裔仍封在山西，成为方国。周成王时灭了唐国，封其弟叔虞，称唐叔虞，今距太原西南约25公里处的晋祠即唐叔虞家祠。叔虞传子燮父，改"唐"为"晋"，沿用至今。

通过上文的分析不难看出，李唐王朝究其根源，还是与山西地区有着莫大的联系，再看山西地域属星，有参星作为守护星辰，就被李唐王朝看做是自己王命的守护者，因此向全国推广寒食这个节日。采取断火的手段来削弱"火"的影响，以此增强自己水属性的参星的力量，这是合乎情理的，也是古代天命观的直接体现。出于对自己王朝命运的关照，唐朝终于迈出了较之前代有着颠覆意义的一步，即不仅不像历朝历代对寒食禁火采取反对甚至禁断的态度，而且对这一节日给以正式的认可，并把它纳入到国家正式

春秋时期的箭头

岳飞墓

的节日之中，成为与元日、冬至并列的一个大的节日。

如果说前文对李唐王室星辰天命观的分析还存在着一定的主观臆想的话，那么下面将分析另一个更为重要的直接原因——唐代寒食上墓之俗的出现。寒食上墓，大致起源于唐代。先流行于民间，并逐渐得到了朝廷的认可。杜佑《通典》载："开元二十年制曰：寒食上墓，礼经无文，近代相传，寝以成俗，士庶有不合庙享者，何以用展孝思？宜许上墓同拜扫礼。礼于茔南门外，奠祭馔讫，泣辞。食余馔任于他处。不得作乐。仍编入五礼，永为恒式。"

清明节祭扫陵墓是中国的传统

作者明确地表达了自己的观点，鼓励人们在寒食节扫墓祭祖，以表对前人的哀思，尽后人的孝道。唐代民间寒食上墓之风盛行，达到了这种程度：每到寒食之日，家家有人出城祭扫，以至于没有被祭扫的坟墓，被当成无主的荒坟。王建《寒食诗》是这样表述的："但看垄上无新土，此中白骨无后人。"到了盛唐时期，朝廷开始认同这一风俗，并将它编入五礼。此外，还针对这一风俗确立了专门的假日，对于皇室的祖先，唐帝国皇帝也要按照规定在此日祭扫陵墓。到了五代时，更有庄宗与皇后亲自参加寒食祭扫的记载。李唐王朝此举实则是对民间这一祭扫行为的认同，由此，寒食这一节俗正式进入了帝王皇室。

另一方面，扫墓习惯的形成，对寒食的普遍流行和地位提升可谓影响巨大。这是因为就普遍意义而言，祭奠先人，因与传统儒家封建的思想体系相联系，其重要性远在已经淡化的古老的星辰信仰与介子推的传说之上。中国古代社会本就是个宗法至上的社会，早在周代就明确地定下了诸多礼制。到了孔子，更以"君君、臣臣、父父、子子"为礼仪教化进行说教讲解。在宗法一体化的古代封建社会，臣事君以忠，子事父以孝，是维护封建社会统治秩序的儒家思想的根本。换言之，孝乃是封建统治思想的核心观念之一。在古代的法令中，有多项条文是适用于不孝之人身上的，这就充分印证了孝乃是封建统治思想的核心观念之一。这一观点，试想如不关系国家事务，统治者为什么要专门去为它立法呢？

孝的表现在现实世界里是子敬父，推而广之，对另一个世界的表现就是敬祖了。中国古代无论是君王还是庶民，对于祭奠祖先都极其重视，连日常生活中的不慎都

祭墓

怕辱及先人。正因为如此，寒食扫墓之风的形成，对寒食在节日中地位的提升可谓意义重大。以扫墓风俗的形成为标志，寒食由渐渐远离现实的传统节日，变成了具有新意义的节日。也正是因为在寒食的节日风俗里融入了祭祖尽孝之道，暗合了统治阶级的治国构想，才使得其成为生命力强大，且受统治者大力推广的重大节日。

有特定的节俗活动是一个节日之所以称其为节日的一个必要条件。唐代的寒食节节俗活动非常丰富，鲜有其他节日可以媲美。首先，最高统治者吸纳了民间禁火寒食的习俗，并将其改造成改新火的新习俗，而且在

公墓

寒食节的第三天，即清明那一天，总有赐百官新火的活动，这在唐代的作品中多有反映。比如王濯《清明日赐百僚新火》："御火传香殿，华光及侍臣。星流中使马，烛耀九衢人。"而谢观的《清明日恩赐百官新火赋》对皇帝赐百官火的盛大场面，描写得最为壮观细致。写道："国有禁火，应当清明……木铎罢循，乃灼燎于榆柳，桐花始发，赐新火于公卿。则是太史奉期，司烜不失。平明而钻燧献入，匍匐而当轩奏毕……振香炉以朱喷，和晓日而焰翻，出禁署而萤分九陌，入人寰而星落千

清明踏青

门。于时宰执具瞻，高卑毕赐……群臣乃屈膝辟易，鞠躬踧踖。捧煦育之恩惠，受覆载之光泽。各磬谢恩愆，竞轮忠赤。拜手稽首，感荣耀之无穷，舞之蹈之，荷鸿私之累百。"除了赐新火以外，皇帝往往大宴群臣，张籍《寒食内宴二首》之一写道："朝光瑞气满宫楼，彩纛鱼龙四周稠。廊下御厨分冷食，殿前香骑逐飞球。千官尽醉犹教坐，百戏皆呈未放休。共喜拜恩侵夜出，金吾不敢问行由。"从而形成"普天皆灭焰，匝地尽藏烟""四海同寒食"的局面。此外，统治者还吸收了民间的郊游、镂鸡子、斗鸡卵、斗鸡、走马、蹴鞠、击球、荡秋千等活动。上之所好，下必从之，更何况这些活动原本来自民间，所以在唐代十分盛行，以至于频频出现于唐人的寒食诗中。如"今年寒食好风流，此日一家同出游""莺啼正隐时，鸡斗始开笼""红染桃花雪压梨，玲珑鸡子斗赢时"。白居易的一首《和春深》："何处春深好，春深寒食家。玲珑镂鸡子，宛转彩球花。碧草追游骑，红尘拜扫车。秋千细腰女，摇曳逐风斜。"更写出了镂鸡子、走马、绣彩球、荡秋千、拜扫等多种节令习俗。

有趣的是，官方在承认民间寒食墓祭习

俗的同时，却对与墓祭密切相关的娱乐活动采取了禁断的态度。民众在上墓之余，往往还伴有一系列郊游、踏青等娱乐活动。在官方的眼里，上墓是慎终追远的、十分严肃的大事，怎么可以"寒食上墓，复为欢乐，坐对松槚，曾无戚容"呢？所以唐高宗下令"既玷风猷，并宜禁断"。到玄宗时，在"宜许上墓"的规定之后，也不忘加上"彻馔泣辞，食余胙，仍于他处，不得作乐"。但是死者毕竟长已矣，个性张扬的唐人更注重现世的享乐，更何况统治者又树立了享乐的榜样。如《开元天宝遗事》明确记载："天宝宫中至寒食节，竟竖秋千。令宫嫔辈戏笑，以为宴乐。帝

《开元天宝遗事》

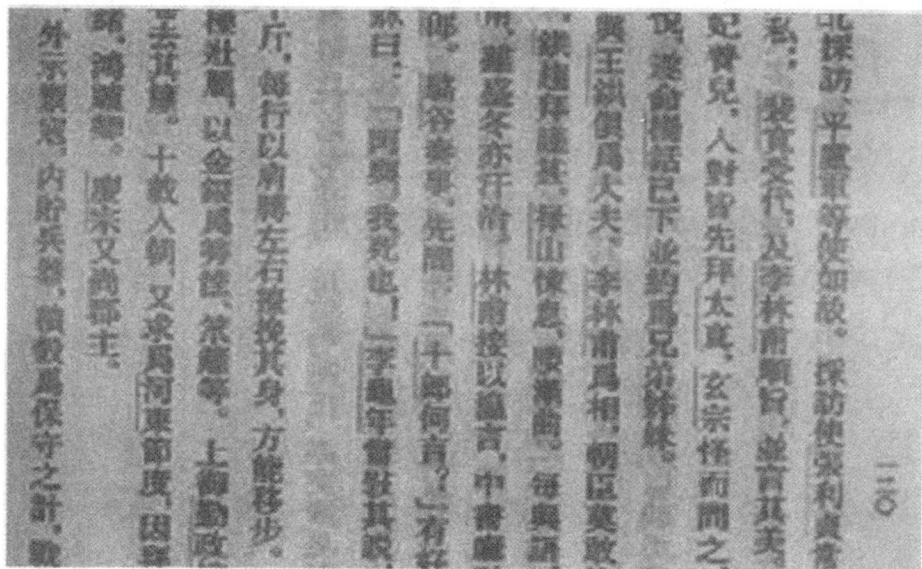

呼为半仙之戏。都中士民相与仿之。"于是官方的禁令成为一纸空文，人们在拜扫之余，踏青、郊游、击球、走马，倦犹不归。

宋代统治者继承了唐代的做法，仍旧改火、寒食、放假。与唐代不同的是，朝廷也于寒食前后出祭，《东京梦华录》中对此有较为详细的记载。由于官方的支持，具有时代特色的宋代寒食节的习俗活动与唐代的相比并不逊色。这从《乾淳岁时记》可见一斑："清明前三日为寒食节，都城人家皆插柳满檐，虽小坊幽曲，亦青青可爱。大家则加枣于柳上，然多取之湖堤，有诗云：'莫把青青都折尽，明朝更有出城人。'朝廷遣台臣

《东京梦华录》

清明落花

中使宫人事车马朝饷诸陵原庙，荐献用麦糕、饧稠，而人家上冢者多用枣、姜豉，南北两山之间，车马纷然，而野祭者尤多。如大昭庆九曲等处，妇人泪装素衣，提携儿女，酒壶肴罍，村店山家，分馂，游息，至暮，则花柳土宣，随车而归。若玉津富景御园包家山之桃，关东青门之菜市，东西马塍，尼庵道院，寻芳讨胜，极意纵游，随处各有买卖赶趁等人，野果山花别有幽趣，盖辇下骄民，无日不在春风歌舞中，而游手末技为尤盛也。"

少数民族建立起来的元朝虽然在很多

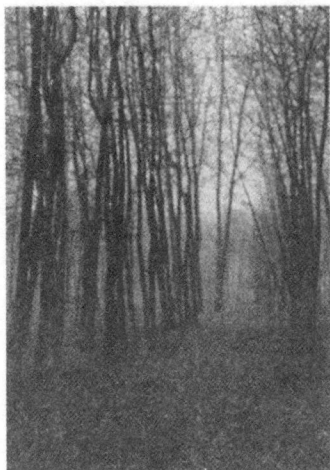
清明时节

方面摒弃了汉族的传统，但在岁时节日方面却遵循颇多。元世祖至元元年（1264年）对官员的休假日作了如下规定："若遇天寿、冬至，各给假二日；元正、寒食，各三日；七月十五日、十月一日、立春、重午、立秋、重九、每旬，各给假一日。"其中寒食仍是各节中的大节，而且"清明寒食，宫廷于是节最为富丽"。大都城内，"上至内苑，中至宰执，下至士庶，俱立秋千架，日以嬉游为乐""起立彩索秋千架，自有戏蹴秋千之服。金绣衣襦，香囊结带，双双对蹴。绮筵杂进，珍馐甲于常筵。中贵之家，其乐不减于宫闱。达官贵人，豪华第宅，悉以此为除祓散怀之乐事"。江淮等地，盛行寒食节在家门上插柳枝。那么禁火和寒食的习俗呢？一方面，它们被作为"遗俗"而存在，有"行装迢递转孤城，一路闲吟缓客程。泼火雨晴饧粥冷，落花风暖笋舆轻。感时已悟庄生梦，遗俗空怀介子清。只有啼鹃解人意，平芜漠漠两三声"可为证；另一方面，则是"春寒不禁香篝火，红蜡青烟忆汉宫"。可见已不再禁火寒食了。

到了清代，甚至明确说："清明即寒食，又曰禁烟节。古人最重之，今人不为节。"

清明与寒食
030

二、由寒食到清明的演进

寒食宴

纵览前代人对待寒食这一节日的举措与态度，我们会产生这样一个疑问：拥有如此悠久的历史文化的传统节日——寒食节，为什么会后续无力，没有很好地传承至今日，终成"古人最重之，今人不为节"这样的遗憾呢？其实这样的担心大可不必。与其说是寒食节消亡了，不如说是它与清明节相互融合了，下面就让我们一同看看这个转化的过程。

庞元英《文昌杂录》记载：宋代寒食与元日、冬至共为一年中的三个大节日，官私休假七天。王楙《野客丛书》所记载的大体内容也是这样。和唐代一样，宋代有禁火赐火之俗。宋敏求《春明退朝录》记载，宋代沿袭唐代赐火的做法，取榆柳之火，赐予"辅臣戚里"。该书还记载寒食日师臣、节察、三司使、知开封府、枢密直学士、中使等官员"皆得厚赐"，但明言这不是"常赐"，即属于特殊情况。民间也有断火和新火的习俗，断火期限为三天。邵雍《春游吟》云："人间佳节唯寒食，天下名园重洛阳。"可见寒食在宋人心目中有很高的地位。所以有人认为，寒食的习俗如改火，是到了元代废于元人之手，所以明清两代再少流传。明代的大学者杨升庵就持

清明扫墓

元人废火禁之说。《升庵集》卷六八云："火禁迨今则绝不知。而四时亦不改火。自胡元入中国鲁莽之政也。然寒食不必复。改火乃先圣宣天道者，可因元人而废止乎？"《升庵集》卷七二又云："（改火）其制古矣。废之当自前元入主中国时也。"但是，实际上扫墓的风俗自宋代起，已经渐渐由寒食改为清明，寒食的其他节俗，很多也都开始慢慢融入清明节。换言之，到了宋代，人们开始将注意力由寒食转向清明，清明节的影响力开始重于寒食节了。

从宋代开始，寒食节开始融入清明节

清明时节

若依照我上文所说，唐宋之际，寒食与清明之间的节日重心发生了转变，那么这种转变又是如何发生的呢？换言之，为什么清明与寒食产生了分歧呢？原本平衡的状态又是遇到了什么矛盾才被打破了呢？让我们反观传统，寒食的节俗中是不是有禁火与祭扫两种呢？那么焚化纸钱是否是对禁火的公然挑衅呢？

根据高承《事物纪元》记载，在唐玄宗时，主管宗祠祭祀的大臣就将民间丧葬使用纸钱的习俗吸收到皇家的祭祀之中，称纸钱为"寓钱"。"寓"就是像，相似的

清明拾影

意思。此后使用纸钱就成为古代的一种通例。至于焚化纸钱的习俗，大体也不会迟于玄宗时期，《清异录》讲：天宝五年的夏天，有个叫李思元的人去世了，按说死人都会僵硬，但奇怪的是他的胸口却一直是暖的，所以家里人都不敢将其埋葬。就这样到了第二十一天，这天夜里李思元突然苏醒过来了，对惊奇不已的家人说，是冥府的人把自己送回来的，并让家里人准备"万贯钱"给那个送自己回来的人。于是李思元的父亲命人凿制纸钱，先后焚化共一万张，李思元由此得以返回阳间。这很显然是有人杜撰的故事，真假在此不论，单就故事情节本身反映出来的习俗风貌，不难看出当时社会上已经普遍流传着冥府使用烧化的纸钱这一说法。《太平广记》中有这样一个故事，讲的是冥间的使者黄衫吏告诉裴龄说："冥间的金钱就是世间的黄纸钱，银钱就是白纸钱。"并且对制作出的纸钱有所要求：首先要躲开闹市，最好在一个密室制造纸钱；然后将制造好的纸钱装入密封的口袋，再拿到水边去烧化。还告诉他之所以不让他在闹市制作纸钱，是因为那些纸钱会被地府的人瞧见并直接拿走，到不了亲人手中。透过这些志怪的故事，我们可以发现在唐代

《太平广记》

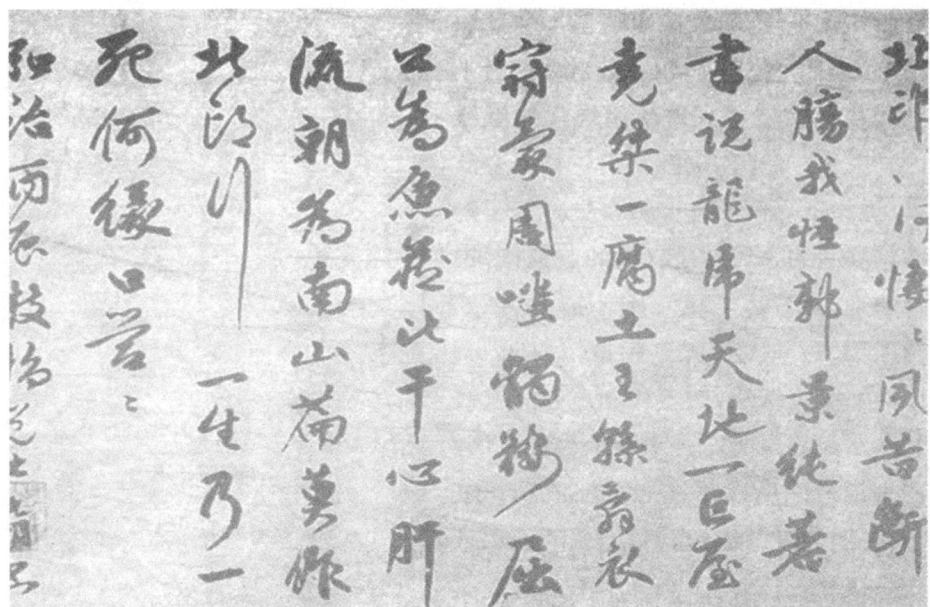

《北邙行》

已经非常盛行关于冥界使用纸钱的俗信，大家都很认同，甚至于如何制造纸钱及烧化纸钱的地点也都很有讲究，形成了关于祭扫烧化纸钱的一系列相关的风俗习惯。

但正如上文所指出的，唐朝寒食节是禁火的，当然也就不允许烧化纸钱，在当时挂钱成为使用纸钱的重要方式。张籍《北邙行》中写到："寒食家家送纸钱，乌鸢作巢衔上树。""清明纵便天使来，一把纸钱风树杪。"白居易《寒食野望吟》有句"风吹旷野纸钱飞"，徐凝《嘉兴寒食》有"嘉兴郭里逢寒食，落日家家拜扫回。唯有县前苏小小，无人送与纸钱来。"从这些诗句里，我们能得出两个结论：一是当时描写的是唐朝的风貌；
二是诗句中提到的纸钱不是用火烧的，或
是"挂"或"飞"。可见当时普遍认同纸
钱不是用来烧的这一观念，在这一观念的
支配下，人们自然也不会认为祭祀与禁火
有什么相冲突的地方。同时我们还应该意
识到，烧纸钱的习俗一经确立，寒食和祭
祖之间就产生了极大的矛盾。也许就因为
这样，人们才开始有意识地将扫墓的日子
后移到清明。而寒食节因失去祭奠先人这
一重要节俗，便失去了重要支撑，在节日

清明拾影

中的地位也日渐衰落。久而久之，其被清明所同化甚至说取代，也就不足为奇了。

让我们再仔细思考一下，寒食节为何失去祭祖这一节俗的支撑，就会逐渐没落下去呢？失去祭祖这一节俗的主要原因就是禁火的习俗与烧化纸钱的习俗相悖，这样看来，矛盾的焦点就落在了祭奠先人时焚化纸钱上了。祭墓时烧化纸钱真的如此重要吗？答案是肯定的。这是因为在古人的观念中，神和鬼的世界和我们生活的现实世界是不同的，之间也不能有直接的联系。中国古代祭拜天地鬼神，一定要采取叫做"燎祭"的做法，

清明上香的人

清明节祭

就是将祭品放到柴草上面焚烧。这样做是为了"使气达于天"，因为天之高渺，古代人力是难以达到的，所以依靠将祭品放到柴草上面焚烧，"使气达于天"的办法来进行天与人之间的沟通。利用烟作为媒介，传达自己对天上神明的敬意，以期神明的庇佑。就这样天长日久，在人们的心目中就深深地印上了这样的痕迹：但凡要与鬼神沟通，就一定要利用焚烧物品产生的烟来进行。祭神如此，祭鬼也如此。正像王建《寒食行》所说的那样："三日无火烧

春秋战国时期的青铜器

清明踏青和放风筝已经成为传统

清明与寒食
042

清明花开

纸钱，纸钱那得到黄泉。"即不经过烧化，那纸钱怎么能够到得了冥界呢？

了解了古代的这些风俗习惯，我们就很容易理解为什么寒食节会在唐代发展到顶峰，后期又转而归于没落了。其实概括起来很简单，唐代的寒食节是因为加入祭扫祖先坟墓这项重大节俗而发展到顶峰，后期因为祭祀在这个节日中的意义变得愈加重要，而祭祀过程中焚化纸钱又与寒食禁火相冲突，于是转而将祭扫先人这个节俗延后至清明进行。加之传统的寒食节俗，

清明时节的油菜花

如禁火、吃冷食日益变得没有影响力，所以到了宋代时，寒食节的影响力就难敌清明节了。在随后几个朝代的演变过程中，清明的地位越来越高，加之两个节日时间相邻，慢慢地就融合在了一起，由于清明节加入了祭祀先祖的节俗，所以其后来居上，形成了"清明即寒食，又曰禁烟节。古人最重之，今人不为节"这样的局面。

三、寒食的两大节俗——吃冷食与禁火

通过上面文字的分析，大家已对清明与寒食这两个节日之间的关系大体有所了解。下面让我们就着节俗这个话题继续研究，以便能更深刻地了解我们优秀的传统文化。

（一）吃冷食

寒食，顾名思义，一定要吃冷的食物。这就是寒食节中最为重要的节俗之一。寒食节里，古人们要吃一些什么食物呢？这些食物又有多少流传至今，成为我们餐桌上的美味佳肴呢？就让我们带着这些疑问，拜访古之美食吧。

其实古代人在禁火寒食期间所吃的食物，除一些果品之外，主要是预先做好的熟

清明是采食螺蛳的最佳时令

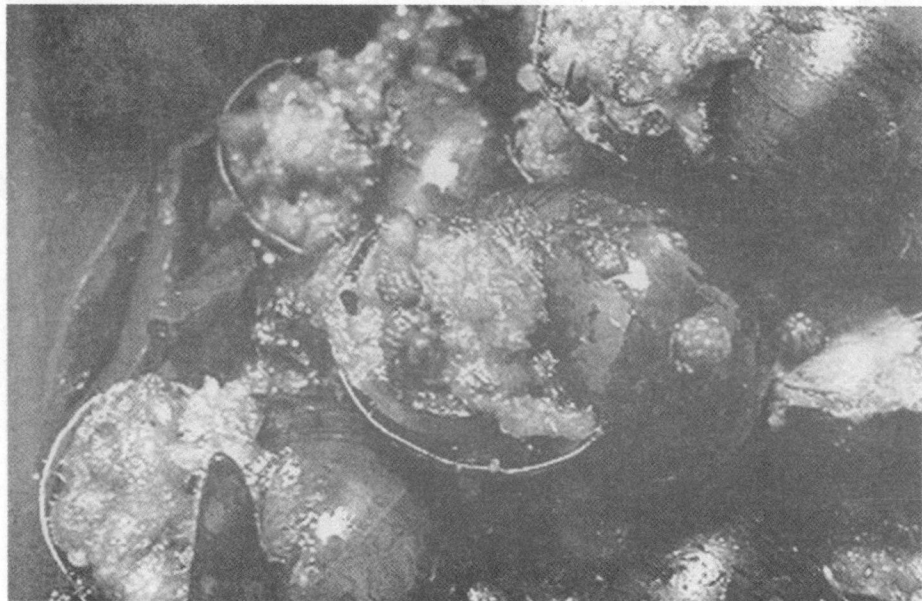

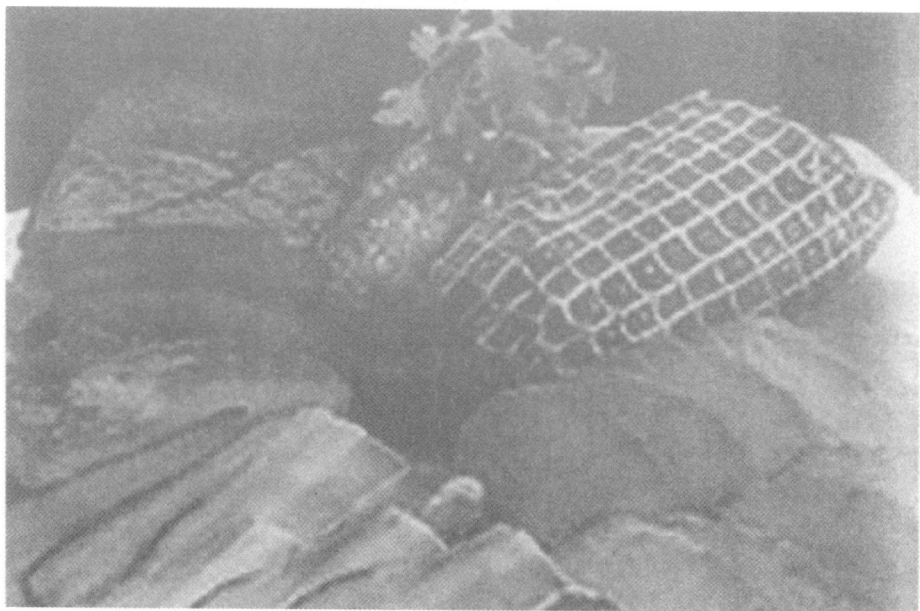

冷食

食，且以美食为主。原因很简单，试想在寒冷的天气里吃冷食，换做一般的食物，人们是不会坚持吃多久的。而古代寒食节短则十几天，多则一个月，在这么漫长的时间里，也唯有美食可以抵御寒冷了。

这些事先准备好的美食不用烧就可以吃，寒食期间，想吃可以拿了就吃，十分方便。宋代有"寒食十八顿"这样的民谚，意思就是说在寒食节期间，吃东西是不计顿数的，从早吃到晚，随心所欲，快哉快哉！又有谚云："馋妇思寒食，懒妇思正月。"寒食期间，美味佳肴特别多，所以那些好吃的馋妇，就格外希望寒食节早日

枣子糕

到来；正月期间，禁忌特别多，妇女不能做针线活，不用洗衣裳，所以那些懒惰的妇女，就特别希望正月早些到来。说了这么多，你一定特别想知道"馋妇"所思的那些美食到底都有什么吧？

子推，即枣饼或枣子糕。据说，这是寒食节重要的节日食物。当年人们就是用这种食物来祭祀介子推的。这就好像端午节里的粽子之于投江的屈原一样，都是表达对有品格的人的追思、哀悼。这个事典在宋代金盈之的《醉翁谈录》中提到过，可以作为"子

推"这一食物在古代存在的一个佐证。古
人们还把这种"子推"用杨柳的枝条穿在
一起,成为一串,挂在自家的门楣上,作
为寒食节期间家门口的挂饰。这又与端午
节人们将采来的艾蒿挂在通风处,以期其
香气能驱走蚊虫、消灾避邪这种祈愿不谋
而合。再有,将"子推"用柳枝穿成一串,
也是对介子推抱柳而死的那段传说的追思
吧。宋代孟元老在《东京梦华录》卷七中,
称这种食物为"子推燕"。初读让人很是
费解,为何"子推"又与"燕"联系在一

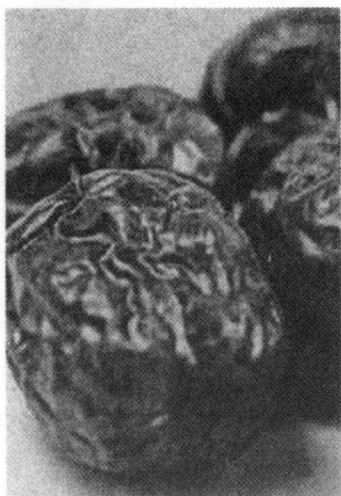

大枣

起呢？这里恐是与寒食的节气有关，将"子推"穿起来的季节正是燕子来的时候，柳条穿上一串"子推"，就像燕子飞于杨柳枝条之间。宋代庄季裕在《鸡肋编》中说到："寒食火禁，盛于河东，而陕右亦不举爨者三日。以冬至一百四日，谓之'炊熟日'。饭面饼饵之类，皆以为信宿之具。又以糜粉蒸为甜团，切破曝干，尤可以留久。以松枝插枣糕置门楣，呼为子推，留之经岁，云可以治口疮。"（见庄季裕的《鸡肋篇》卷上）宋代民间风俗里也的确有这样一种说法，将这种穿好的"子推"风干后放到第二年，就能产生治愈口疮的奇效。清人潘荣陛在《帝京岁时纪胜》中说到："清明时以柳条穿祭余蒸点，至立夏日油煎与小儿食之，谓不'疰夏'。"此俗犹有宋人"子推"之遗义。讲到这里，不由得又联想到端午节的艾草，民俗中也将其列为有奇效的灵药，相信与"子推"的功用一样，虽然未必是药到病除，或者说根本就不能入药；但由于它们是品格高尚如屈原、介子推那类人物的表征，自然要加入一些神圣的传说，以表后世对前人的一种追思与神往。

洛川等地，民国间尚有这样的风俗：清

明日，不动烟火，家家吃荞麦凉粉等冷食。且预蒸大馍，俗称为"罐儿"。馍的四周，做成鸟蛇之形。民间俗传，说是介子推当年在绵山被烧死时，有鸟、蛇前去保护过他，故在大馍上做上鸟、蛇的造型，作为纪念。馍的顶上，做一个大盘的形状。大盘中的造型又分几种，都是有讲究的。这种馍，全家每人一个，再加若干个祭馍，那是用来祭祀的。给男子的馍，在馍顶盘中，做的是文具、耕具之类男子所用器物的造型，意思是说，男子靠用这些器物创业、吃饭，吃下了这些用馍做的器物，就能使本领大大提高；吃下了文具，文思大

荞麦凉粉

进，读书聪明；吃下了耕具，就能成为干庄稼活的好把式。给女子的馍，在馍顶盘中，做的是剪刀之类的造型。剪刀是做女红的工具，此俗有祝女子做女红心灵手巧的意思。祭馍顶上的盘中，是麦、豆之类的造型，寓有祈求麦、豆丰收的意义。非常明显，清明日禁火、吃这种大馍的风俗，是从寒食节来的。加之与介子推的传说相联系，再配以大盘中各式各样人们所希冀的造型，体现了浓浓的传统风情，可以说是古人的遗风遗作，泽及后人。

蒸饼

糯米团

蒸饼是用酵糟发酵后，和面制成的。蒸熟后，皮就裂开。实际上就是馒头。将这种蒸熟的蒸饼去皮后，挂在阴凉干燥处风干。日后用时，用水浸胀、捣烂、滤过，就能给消化不良的病人服用。据说，它有和脾胃、利三焦的功能。如果病人刚服了药再服此物，此物又能帮助肠胃消化、吸收病人所服的药。

糯米团的制法和当代的糯米团大致相同，但不入水煮，而是用蒸笼蒸。入笼时，每个糯米团下，垫一张艾叶。蒸熟出笼的糯米团，会有一种特殊的清香。

吃茸母糕饼是古代北方寒食节的习

桃花粥

俗。采茸母草，和上面粉或米粉，做成糕饼一类的食物。宋徽宗有"茸母初生认禁烟"的诗句。

唐代洛阳名厨张手美所开的食品店中，每逢寒食前后，出售冬凌粥。

桃花粥是唐代民间岁时食品。寒食节前后，以新鲜之桃花瓣煮粥，至明末此俗犹存。唐冯贽《云仙杂记》："洛阳人家，寒食装万花舆，煮桃花粥。"清孔尚任《桃花扇·寄扇》："三月三刘郎到了，携手儿妆楼，桃花粥吃个饱。"别看此粥做法简单，其功效却非同小可，《温病条辨》中称其："补气涩肠。可用于脾虚气弱、泄泻不止、完谷不化者。"

这可是与桃花的药用价值相联系的，并非民间杜撰，属于我们今人所说的"药膳"一类。

青团是一种用草头汁做成的绿色糕团，其做法是先将嫩艾、小棘姆草等放入大锅，加入石灰蒸烂，漂去石灰水，揉入糯米粉中，做成呈碧绿色的团子。青团主要是流行于江浙一带的清明节食品。

吃青粿饭也是民间习俗，而佛门道观更有做"青粿饭"馈赠施主的习俗。《熙朝乐事》说："清明僧道采杨桐叶染饭，谓之'青粿饭'，以馈施主。"这里所说的

青粿

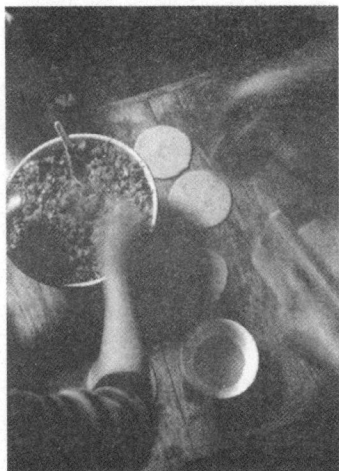
清明包艾果

"染饭"，其实就是把一些植物的浆汁混入到糯米中使其上色，并一同加以煮食。明人高濂的《遵生八笺》中就详尽地记述了青粳饭的做法。

谈起青粳饭，它还有一个美丽的传说。古时候，有个壮族青年叫特侬，他的父亲去世比较早，只与瘫痪在床的母亲相依为命。特侬非常孝顺，怕母亲一人在家烦闷，就背着母亲上山砍柴、下田插秧。每一次他都把一大包母亲最爱吃的青粳饭放在她身边，让母亲饿了随时可以吃。特侬母子的这一举动被山上的一只猴子看到了。那猴子便趁着特侬到山上砍柴的时候，悄悄溜到特侬的母亲身边，敏捷地把青粳饭抢走了。由于母亲无法动弹，只能眼睁睁地看着猴子抢走了青粳饭。一连几天都如此，特侬看着身边饿极了的母亲，无奈地扯着身边的枫叶，却又想不出什么办法来。猛然间，特侬发现自己掐枫叶的手黑漆漆的，原来是被黑色的枫叶汁染脏了。看着黑糊糊的五指，特侬灵机一动，立即把树上的枫叶带回家，放到石臼中春成泥状，用水浸泡一天一夜，得到黑色的液汁，再将青粳饭放到黑液汁中浸泡一晚。第二天早上将黑色的糯米捞起蒸煮，顿时一股清香弥漫全屋。母亲在屋里喊："特侬，什么东西这么香啊？"特侬兴奋地说："是黑色的青粳饭，多香多甜啊！"这一天正是农历三月初三。

清晨，特侬带着母亲上山砍柴，他用芭蕉叶包着黑色的青粳饭，故意露出一点儿黑糊糊的颜色。猴子看见了，以为是毒药，连碰也不敢碰，便逃之夭夭了。这一天，特侬吃了黑色的青粳饭，口不干舌不燥，还觉得浑身是劲，打的柴更多了。从此，特侬每次上山砍柴，都带着黑色的青粳饭。后来，壮家人都学特侬，家家户户都做黑色的青粳饭。再后来聪明的壮家人又学会了用黄栀子、红兰草等做成了黄色、红色、紫色的青粳饭，最后演变成了如今的五色青粳饭。

其实这"青粳饭"就是糯米饭。算上前文提到的青团、糯米团，这三类食物本就属一家。在这里是有意将它们分开的，因为这三种食物虽选用相同原料，但如果就其产生的地域来划分的话：青团主要流行于江浙一带；糯米团主要流行于长江以北的北方一带；而青粳饭就是在广西一带了，其传说就很好地体现出壮族人民对"青

青团

寒食的两大节俗—吃冷食与禁火

糯米团

粳饭"的喜爱了。

　　领略完古之美食，我们不禁要问，这些传统的美食又有多少流传至今呢？答案是这些食物大多都在典籍资料里记载备案，我们今天可以很轻松地查找到它们的做法与功效，甚至于有关它们的传说。但若要问吃过没有，相信大多数人还是没有机会尝试的。吃各色冷食本身就是对寒食节日的追思，而正如前文中所讲到的，寒食作为一个具有悠久历史文化、曾在中华文明多个节日中占有重要地位的节日，因为其浓厚的文化背景，曾经非常辉煌。但随着这种文明或者说寒食这个节日的衰落，很多有关于这个节日的节俗也随之淡化，正如我们今日大多数人不会记起吃冷食过节一样。让我们再看看有关寒食节的另外一个节俗，或许这个节俗就更能引得我们深思了。

（二）禁火

寒食禁火的风俗，在山西一直最为流行。这一习俗在后来很长时间都是如此。其原因在前文已经分析过，包括：山西特殊的地理位置、其属星因素、李唐的王朝背景以及介子推原籍山西等等。种种因素都促成了山西人民浓郁的寒食节俗节风，在这里不作赘述。我们现在所要谈的是有

清明果

此一於迂決非延世之術近日況

之不過三五十息奔突而出雖有

卓然近効待其兀然自住恐終無

無可議但以氣若不閉任其出入

東坡云養生之方以胎息爲本此

胎息

明 海隅

前集一

《癸辛杂识》

关禁火这一风俗在各个历史时期的一些体现与变更。

元代周密《癸辛杂识》曾记载介休县绵上地方寒食禁火的情况。绵上原本禁火七天，遇到战乱时还要再追加三天，也就是十天。此举是为了祭奠介子推当年困死柳下，同时

介子推画像

民众还认为如果禁火不彻底，有人私自取火用火，就会触怒介子推的神明，招来冰雹雪灾一类的祸患。为了防止这类隐患的产生，每年的禁火日，乡里的乡长都会带人到各家各户去检查。检查的方法也很巧妙，他们会用鸡毛翎伸到灶里检查灶灰，鸡毛翎遇热就会卷曲，这样就能很有效地检查出是否有用火的痕迹。被检查出来擅自用火的人家，乡邻们会对其非常鄙薄，乡长也会对其做出惩罚，即罚其到介子推的庙宇里做劳役，或命其缴纳香纸钱，用来向介子推的神明祷告祭祀，求得宽恕。

当然这种禁火也是有例外情况的。有病的人和老人、小孩等如遇特殊情况，不能吃凉的东西，就要到介子推的神庙里真诚祈求，求得一个使用小火来温暖食物的权利。当然这也是需要看运气的：占卜说吉，就可以去烧点不起烟的木炭，这样神明就不会追究；但如果占卜的结果是不吉，那么就有触犯神明的危险，就算是因吃不到热的食物而死去，也不可以使用火。不甘死去的人会想尽各种办法将食物加热，如放在强光之下晾晒，或将食物放到马粪堆里烘热，这时就不能顾及什么干净与否了。应该对古人巧妙的方法表示赞叹，这又何尝不是一场生与死、天与人的斗争呢！

唐宋两代，一般是禁火寒食三天，为冬至后第一百零四天、一百零五天、一百零六天，亦即冬至后一百零五天及其前后各一天。大寒食、小寒食、官寒食、私寒食等名目也

清明扫墓

产生了。第一天是大寒食，第二天是官寒食，第三天是小寒食。杜甫的《小寒食》中有"佳辰强饮食犹寒"的诗句。

寒食禁火，连火种也要灭掉。禁火期一过，当然就得取新火。杜甫《清明》中有"朝来新火取新烟"的诗句。这年禁火期过，正好是清明日。贾岛也有诗云："晴风吹柳絮，新火起厨烟。"

皇宫中取火，自然要比寻常百姓家容易得多。每到寒食禁火结束之时，皇帝便命人钻木取火，将火种分赐给近臣或贵族，作为一种恩宠。唐代诗人韩君平《寒食》诗云："春城无处不飞花，寒食东风御柳斜。日暮汉宫传蜡烛，轻烟散入五候家。"后二句写的就是王公贵族之家得到了皇帝所赐的火种。蜡烛就是点着后用来传火种的。

下面就让我们一同回到唐朝，看看那一场盛大的赐火仪式。每年到了寒食结束的日子，朝廷都要举行起火仪式。《辇下岁末记》记载在寒食过后，宫中开始过清明，在这一天会找来"内园官"的小孩，让这些孩子在殿前现场钻木取火，像是一场比赛一样，最先钻出火苗的孩子就可以持着火种到皇帝身边进行呈贡。对于比赛

《辇下岁时记》年画

生火年画

的获胜者，皇帝会赐给三匹绢和一个金碗。

新火升起后，为表示君臣之间亲密的关系，体现君主对臣下的体恤，皇帝就要将刚从孩童手中获得的新火赐给那些近臣。试想那些臣子从皇帝手中接下御赐的火种，又会是怎样一种感受。不管是怎样，他们都和那些钻木取火的孩子一样，收获了快乐。

宋朝的皇帝也是如此。北宋文学家欧阳修，就曾经得到过这样的恩宠，他有诗云："桐华应候催佳节，榆火推恩忝侍臣。"寒食期间，正是梧桐开花的时节。"榆火"，指钻榆木取的火，古代对钻木取火所用木料，也有讲究，有所谓"春取榆柳之火，夏取枣杏之火，季夏取桑拓之火，秋取柞楢之火，冬取槐檀之火"。这是《周书·月令》中的"更火之文"。

经过了寒食的三日冷食，朝廷通常还会举行一场盛大的宴会，在宴会上赏赐百官。在这种蒙受皇恩甚深的酒宴上，留下了很多诗篇，大多是歌颂皇恩、称赞盛世太平的习作，在此不一一列举。其中有一首张籍的《寒食内宴》写得很有新意，可以让我们看到宴会当晚的一些真实情况。其诗写到："朝光瑞气满宫楼，彩纛鱼龙四周稠。廊下御厨分冷食，殿前香骑逐飞球。千官尽醉犹教坐，百戏皆呈未放休。共喜拜恩侵夜出，金吾不敢问行由。"从这首诗我们可以看出，寒食宴吃的是冷食，并且宴会中还有马球、百戏的表演，甚是热闹喜气。特别值得注意的是在当晚有一个特例。唐朝当晚是进行宵禁的，简单说来就是晚上不允许民众随意走动，这也是出于对治安的考虑。可在这个宴会结束后，酒醉的大臣们从皇宫里出来，天色已晚，到了宵禁的时候，可"共喜拜恩侵夜出，金吾不敢问行由"。为何不敢问他们夜间

唐宫寒食内宴图

出来所为何事？因为他们刚刚参加完天子的盛宴，作为宾客晚归，责任落到了天子身上，试问还有谁敢去管呢。

　　看罢皇宫里的节日景象以及一些节俗，下面让我们将视野再转向民间的那些普通人家，看看他们是如何处理寒食节后重取火种这个问题的。普通人家也不是家家取火。一家取火后，没取火的人家都可以来取火种。有宋人诗可以为证。魏野有诗云："无花无酒过清明，兴味萧然似野僧。昨日邻家乞新火，晓窗分与读书灯。"又云："殷勤旋乞新钻火，为我新煎岳麓茶。"著名词人陈与义词亦云："竹篱烟锁，何处求新火？"

　　相较皇宫的气象万千，民间的百姓们对

《寒食帖》

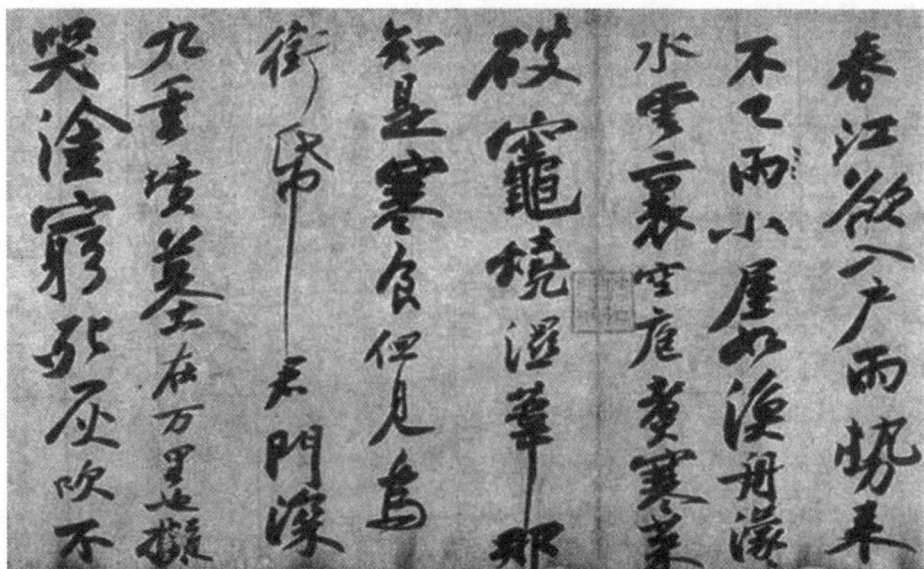

寒食节放风筝

待节俗的心态似乎比较平淡。宫廷里不论天子还是大臣，都要极尽欢饮之能事；可百姓的生活还是要一如继往地过下去啊，"无花无酒过清明"是当时民众对寒食节的普遍态度了。其实说到这里，我们应该想到一个问题，寒食因祭祖这一节俗的引入而大兴于国，也是因没能很好地发扬祭祖这一节俗而逐渐没落，可谓"成也萧何，败也萧何"。明代寒食节期间，不禁火、不强求人们寒食。此后，寒食节禁火寒食之俗，甚至寒食节本身，都渐渐地在我国绝大部分地区消失了。

由此我们可以得出这样一个结论：最初的寒食节节俗中，最为主要的就是禁火

祭扫用的鲜花

与吃冷食,在其历史发展流变中加入了祭扫先人这一节俗。后来祭扫先人这一节俗归于清明,使得寒食在人们心目中不再如先前那般重要,清明则由于迎合了民众的普遍心理而后来居上,以至于很多后人都淡忘了寒食,"今人不为节"了。

但正如前文所说,二者在漫长的历史演进中逐渐合二为一,我们今天过的清明节里其实就有寒食节的影子。

四、寒食节俗对清明的影响

寒食

在今天，作为传统节日中的大节，清明的地位是非常重要的，而寒食则只在很少的地区才有流传，且已经不能保留寒食古之面貌了。但是在历史上，清明节最初作为节日登场时，是和寒食节一起出现的，并且扮演主要角色的是寒食节。正因为寒食节的重要，所以它的很多节俗都影响了清明节，直到今天我们过的清明节还有寒食节的影子。因此，可以将二者看成一个融合体。下面我们来具体分析。

首先，寒食节与清明节本属一家，也就是说清明节的出现与寒食节有着非常重要的联系。在中国古代历史上，一个节日的产生与形成，一般受多重因素的影响，并且需要经历一个漫长的演变时期。之所以需要一个漫长的演变过程，主要是因为受中国广大的地域所限。一个节日最初产生于一时一地，需要靠时间的累积以推进其发展，使其壮大，并最终形成一个全民族的节日。在这样一个形成过程中，一定会相伴产生很多节俗，这些多样的节俗就恰好证明了一个节日在推广过程中吸纳了不同地域的文化与风俗。这些是节日形成的文化基础，而这些文化基础，同时又是每个重大节日产生的必要条件，它们是互相作用，互相影响的。

清明拾影

就清明节而言，在唐以前作为八风之一的清明风、作为二十四节气的清明节气，对于清明节的产生就是一种文化上的正面积累。但同时我们也应该注意到一个更为重要的文化基础，它就是寒食节。原因其实很简单，寒食节有着悠久的历史，伴随以各种打动人心的传说，如有关介子推的传说；加之其奇特的节俗，如禁火、吃冷食等等，这些因素无疑使它能在民间得到更为广泛的传播。清明节因为以有广泛群众基础的寒食节作为依靠，并且在发展过程中不断吸纳寒食节的节俗，才能后来居

清明节的节日文化品格源于寒食节

上，成为直到今天仍影响巨大的重要节日。从这个意义上讲，我们甚至可以说，没有寒食节的辉煌历史，清明节就不可能有像今天这样巨大的影响力。在这里不妨打个比方，清明节就好像是站在了寒食节这样一个巨人的肩膀上，我们对它的仰望，其实都是拜寒食节这个默默在底下支撑着的巨人所赐。从这个角度上看，清明节的确是有幸与寒食节相伴的节日。

其次，清明节的节日文化品格，是源于寒食节的。说到这里，问题产生了，何谓节日文化品格？简单说来就是我们通过过这个节日，能为我们的心灵带来怎样的启迪，对我们自身品格的修养能有多大程度的提升。举个例子来讲，过端午节会让我们想到屈原，进而想到他的忠诚品质，我们纪念他的同时也在提醒自己要做一个对国家忠诚的人。谁都不用去刻意讲解，心中的那份高尚情操就自然得以升华了，这就是节日文化品格的力量，它源自于节日本身，同时也源自于中华悠久的历史文化。

既然我们已经简单了解了节日品格的含义，下面就让我们看看，为什么说清明节的节日文化品格是源自于寒食节。正如我在前

文所说，在唐代，有一种节俗被引进寒食节当中，那就是祭祖扫墓的节俗。当时这一节俗的引入，是唐王朝出于对政治因素的考虑，希望以这种孝道观念，来引导民众尊崇封建教化准则，即以此培养人民忠孝的观念。而这种节俗促使寒食节与中国古代主流文化思想——祖先崇拜的思想直接联系在一起。这就为寒食节的节俗文化传播打造了坚实的基础。正如我们后面所要认真分析的那样，清明节的主要节日品格，正是建立在对于寒食节扫墓习俗的继承这一基础上的。清明节的真正的生命力也源于此。

　　让我们观察一下中国传统节日的发展

清明祭祖扫墓

历程，在明清时代，中国很多传统节日开始没落乃至消亡，就连寒食节也不得不面对消亡的事实。时至今日，西方文化对中国传统文化的冲击更是令人触目惊心，一些西方的节日如圣诞节、情人节在中国悄然扎根落脚，而一些传统节日，如一月七日人日节、三月三日上巳节等反倒慢慢被社会淡忘。即便在这样的背景下，清明节依然能保持住其传统节日的地位，并且历久弥新，更加引起世人的注意。为此 2008 年政府专门立法，将其正式确定为国家法定假日，全国各地民众在清明这一天都会选择不同的方式去缅怀先人、祭奠祖宗。这也恰好反映出清明节这一节日的品格——追思先祖、缅怀故人。这种节日品格，或者干脆说成是清明节最根本的生命力所在，恰恰是从寒食节那里继承下来的扫墓习俗。

再次，清明节还继承了寒食节的其他节俗。再此列举一些，如郊外踏青、放风筝、打秋千、插柳戴柳、斗鸡、拔河等节俗，都是和寒食节俗有着直接关系的。寒食、清明本就是一家，纵观古代任何大的节日，彼此间都是存在一定的联系和影响的，这些节俗受某时某地影响的特征性很明显。举例来说，插柳戴柳这种节俗的产生就对季节有着明确的要求，试想若是寒冬腊月，

清明斗鸡

柳树尽是枯枝，那又如何插戴？对于以上提到的清明节俗，在后文还会专门进行讲解，在这里先不作赘述。只需明确清明节其实还继承了寒食节的其他节俗就可以了。

综上所述，我们可以这样认为，早期寒食节和清明节之间的特殊联系对于清明节有着极大的影响。到唐代时，寒食节与清明节还都是相连的，两者共同构成当时全国性的大节日。到了宋代，节俗重心开始发生倾斜，原本属于寒食节俗的扫墓之俗转移到了清明节的身上，这时清明节的地位就得到了质的提升，一跃成为中国传统的大节日之一，寒食节的节俗也渐渐融入到了清明节之中。但

墓群

寒食节为清明节提供了诸多的文化基础

我们也应当看到，正是因为有了寒食节为清明节提供的诸多文化基础，清明节才能在今后的发展中后来居上，最终形成了今天我们所熟知的清明节。

五、清明节俗及其包含的节日品格

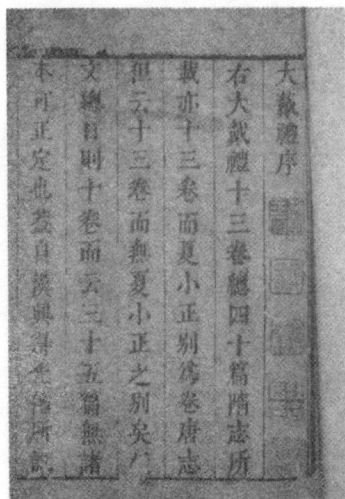

《礼记》

在前面的篇章里，我们曾分析过寒食节中最具代表性的节俗——禁火与吃冷食。下面我要就清明节的节俗展开分析，不过不管是寒食节也好，清明节也罢，左右其影响力的决定性节俗无疑是祭墓这一项，就让我们仔细看看这项意义重大的节俗，看看它为什么会使如此多的人产生共鸣。

（一）祭祖扫墓的历史进程

讲到这里，读者是否会问到，祭祀先祖这项行为是不是发端于唐代的寒食节？其实不然，中华民族是重孝道的民族，祭奠先人古已有之。只不过作为一种节俗被引入寒食节里，是起源于唐代罢了。下面先让我们大致了解一下祭墓风俗的历史发展演变。

上古时代，没有祭墓的风俗。上墓行礼的情况也并不多。《礼记·奔丧》规定，去参加丧礼迟到了，没有赶上出殡，就到死者的墓地行礼，以表歉意。这个风俗，至今仍在不少地区保留着。没赶上出殡，叫做"赶棺材头不着"，是不吉利的事，上墓行礼，是弥补之法。《礼记·檀弓》中讲到，离开自己的故乡，就应该到祖墓上辞行，还要哭一场，以表离开家乡、离开祖墓的悲凉之情。从外

地回来后，也要上祖墓去"省视"一番，意思是向祖宗们报告，自己从外地回来了。当然，这一次是用不着哭了。离开家乡时去看看祖墓，回来后再去看看祖墓之俗，历代已很普遍，当代仍是如此，只是"哭墓"的情形，现在是很少见的。

上古凡士大夫以上的阶层，都有家庙。祭祀祖宗的仪式，都在家庙中进行，不必到墓地去。再说，凡是那些有家庙的阶层，祭祀祖先的仪式必定很隆重，有种种祭器，如鼎、盘之类；还有各种各样的乐器；还有牛羊等祭品。如果要上墓举行祭祀仪式，那也很不方便。

后来，无庙的阶层兴盛起来，他们也

清明祭祖

要祭祀祖宗，但他们是没有家庙的，于是，就在祖先的墓地上，祭祀祖先。《左传》载，周平王东迁途中，经过一个叫伊川的地方，大夫辛有看到有"被发而祭于野者"，就哀叹"礼"之亡。在辛有看来，按照"礼"，祭祀祖先应在家庙中进行，祭祀者必须身着礼服，衣冠整肃。也就是说，只有他们有庙阶层，才有资格祭祀祖宗；无庙阶层的人，连祭祀自己祖宗的权利都没有。可是，这披头散发的人，显然是无庙阶层的人，是社会下层的人，他竟然披着头发在野地里祭祀自己的祖宗，"礼"不是亡了吗？

《孟子·离娄下》记载了这样一个故事："齐人有一妻一妾而处室者，其良人出，则必餍酒肉而后返。其妻问所与饮食者，则尽富贵也。其妻告其妾曰：'良人出，则必餍酒肉而后反，问其与饮食者，尽富贵也，而未尝有显者来。吾将良人之所之也。'蚤起，施从良人之所之，遍国中无与立谈者。卒之东郭墦间之祭者，乞其余，不足，又顾而之他。此其为餍足之道也。其妻归，告其妾曰：'良人者，所仰望而终身也，今若此。'与其妾讪其良人，而相泣于中庭。而良人未之知也，施施从外来，骄其妻妾。"

"良人"即丈夫，"墦"即坟墓。这著名的"墦间乞食"的故事，有力地证明了到孟子生活的时代，祭墓之俗已经很普遍了。那位"良人"，就是靠吃人家祭墓的祭品而醉饱，并以此来"骄其妻妾"的。

寒食祭墓之俗，大约始于隋、初唐时期。唐开元二十年四月十九日，朝廷下敕，对寒食祭墓之俗，作了明文规定，作为仪制，要全国臣民执行，有家庙的卿大夫也不例外。敕云："寒食上墓，《礼经》无文。

《左传》

清明节俗及其包含的节日品格

清明扫墓

近代相传，浸以成俗。士庶既不庙享，何以用展孝恩？宜许上墓，同拜扫礼。于茔门外奠祭。撤馔讫，泣辞，食余胙，仍于他处，不得作乐，若士人身在乡曲，准敕墓祭，以当春祠为善。游官远方，则准礼望墓以祭可也。有使子弟皂隶上墓，或求余胙，随延亲知，不敬之甚。"

　　在外地做官的人，不能离开职守，回乡祭墓；其他原因在外地的人，也无法回乡祭墓，那就"望墓以祭"。什么叫"望墓以祭"呢？最好是登上高山，望着祖墓所在的那个方向，行祭祀的各种仪式，把纸钱撒向空中。这也叫做"望祭"。如果当地没有山，那就在作

路上的纸钱

纸钱

清明节祭扫祖宗坟墓习俗

为水路的河流边上，望着祖墓所在的那个方向设祭，意在让生人的孝恩，沿着水路回到家乡，达于祖墓。唐代诗人王建《寒食》行中"远人无坟水头祭，还引妇姑望乡拜"之句，描写的就是这种情景。

到后来，还是准许无法亲自回乡祭扫祖宗坟墓的人，派遣子弟或仆人回乡祭扫。甚至有代为派人祭扫的事。唐代就有"敕使墓户"的笑话。唐懿宗时的太监，多是福建人，他们常在皇帝左右，有的还执掌朝政大权。皇帝也常利用太监控制大臣。因此，文武百官之中那些没有骨气的人，都要曲意奉承太监，尤其是掌权的太监，来为自己升官发财铺路。太监也有祖坟，每到寒食期间，他们自然无法像平常人一样，回乡祭祖。于是，福建按察使杜宣猷，就抢了这个巴结太监的好机会。每年寒食期间，他就派人到朝中福建籍太监的祖坟上去祭扫。当时人们给他取了个外号，叫"敕使墓户"。"敕使"是皇帝的使者；"墓户"是看坟人。意思是说，杜宣猷身为朝廷命官，却去当太监祖坟的看坟人。

寒食祭墓的仪式，除唐代开元年间敕书中的简单规定外，后世民间又有许多种不同

家祭仪式

的详细规定。兹举《周氏祭录》所载云："寒食，掌事设位于茔门左百步，西面。于茔南门外，设主人位于东，西面。主人至，换公服。无官，常服。就位再拜。赞者引主人奉行坟茔。情之感慕，有泣无哭。至封树外，展省三周，有摧缺即修补。如荆棘草莽接连，皆芟除，不令火田得及。扫除讫，主人却复茔门外。既设位，办三献，一依家享。主人已下，执笏就，洗后执爵奠酒，毕，赞祝。"

很明显，这些繁缛的仪式，参之以家祭庙祭之仪，进一步证明，墓祭之俗是在家祭庙祭之俗之后兴起的。这种墓祭程式，

清明扫墓

也是富贵之家的墓祭仪式，寻常百姓家，是不会有这种排场的。这程式中，有"掌事"，即负责祭墓事务工作的人；有"赞者"，亦即司仪兼祝颂者。这些角色，当然是由职业或半职业的人员担任，绝不会是主人或主人家中的亲属。"赞者"还要代主人向主人的祖宗读祭文，这种祭文，叫"赞祝辞"，也可由主人亲自来读。

徐润《家祭仪》载寒食祭墓之俗云："宜于茔南门之外，设净席为位。遥祭以时馔，如生平嗜。若一茔数墓，每墓各设位席，昭穆异列，以西为上，三献礼毕，撤馔。主人以下泣辞茔。食馔者可于他僻处，不见坟所。此亦孝子之情者也。"相较上面提到的繁缛的仪式，这种程式就简单多了，寻常百姓家也可以这样做。

寒食祭墓，跟家祭或其他祭祀相比，有一个显著的不同：不设香火、不焚纸钱，只是将纸钱挂在坟旁树头、或压在坟头、或系在竿头插在坟上。此乃遵寒食"不举火"之禁，也是以免酿成火灾。而后世祭墓之俗与此时的寒食祭墓，最大的区别也就在于，后世的祭墓不遵寒食"不举火"之禁，反而要利用焚化纸钱，来传递自己对先人的哀思与悼念之情，这也就成为清

六角祭亭

祭拜古树

明节的祭墓之俗了。寒食节"焚火寒食"之俗，给人们的生活带来了许多不便，有损于人们的身体健康，因此影响力日渐衰微，以至于在大多数地区已经消亡。而祭墓之俗，却利用清明节这一节俗保留了下来，直到今天还在盛行，这无疑跟我国重宗法、遵孝道、敬祖宗、信鬼神的传统观念有关。之所以说寒食节中的祭墓节俗在清明节中得以保留，是因为我们还可以通过观察，从清明祭墓的风俗中找出寒食祭墓所留下的痕迹。这在有些方面，表现得尤为明显。

《介休县志》云："清明，富家设牲醴鼓

吹省墓。贫民亦造面饼，如盘蛇状，陈牲醴祭冢。归则曝面饼于篱棘上，俟干而后食。或谓取象龙蛇，寒食之遗也。"介休县是介之推的故乡，也是介之推被烧死的绵山（后改介山）所在，因此，当地的寒食之俗，特别是纪念介之推之俗，较之他处，无疑要来得盛，自然也不大容易消失。这种制成"如盘蛇状"的面饼，所谓"取象龙蛇"者，乃是源于刘向《新序·节士篇》所载介之推《龙蛇歌》中所设喻的形象。这种面饼，是行"禁火寒食"之俗期间所吃的预先做好的熟食，在祭墓之时，用来作为祭品。寒食节虽然消失了，但当地在祭墓时，仍用这种祭品。

绵山风光

清明祭墓，也有不焚纸钱之俗。清吴震方《岭南杂记》卷上云："粤俗：民家拜扫后，墓上俱覆白纸。宗孙盛者，堆如积雪。清明尤盛。"

其实，不独粤俗如此，全国许多地方皆如此。有的地方，只是焚化少量纸钱，特别是指纸锭或版印的冥钞。说是纸锭和版印冥钞价值高，不焚给祖宗，怕被野鬼抢去。纸钱中除纸锭和版印冥钞外，少数是方形的黄纸、白纸或银色纸，打上钱样，更多的是一二寸阔、二三尺长的条形纸，各种颜色都有，或也打上钱样。方形纸不焚，用一块圆锥形土，锥向下而底向上，压于坟顶上。这一块圆锥形的土，叫做"坟帽子"。条形纸钱不焚，或以线系于坟旁之树，或系在竹竿上，插在坟上，随风飘扬。正如淯顾禄《清嘉录》卷三云："土俗，墓祭皆焚化纸锭。纸以白阡，切而为陌，俗呼'白纸锭'。有满金、直甩之分，以金银纸箔糊成。其有挂于墓者，则彩笺剪长缕，俗呼'挂钱'，亦曰'挂墓'。"

清明前夕的江南乡村，如果登高而望，蔚为奇观：桃红柳绿，菜黄李白，三麦青青，远远近近，疏疏落落，那一簇簇，在和风中

清明烧纸

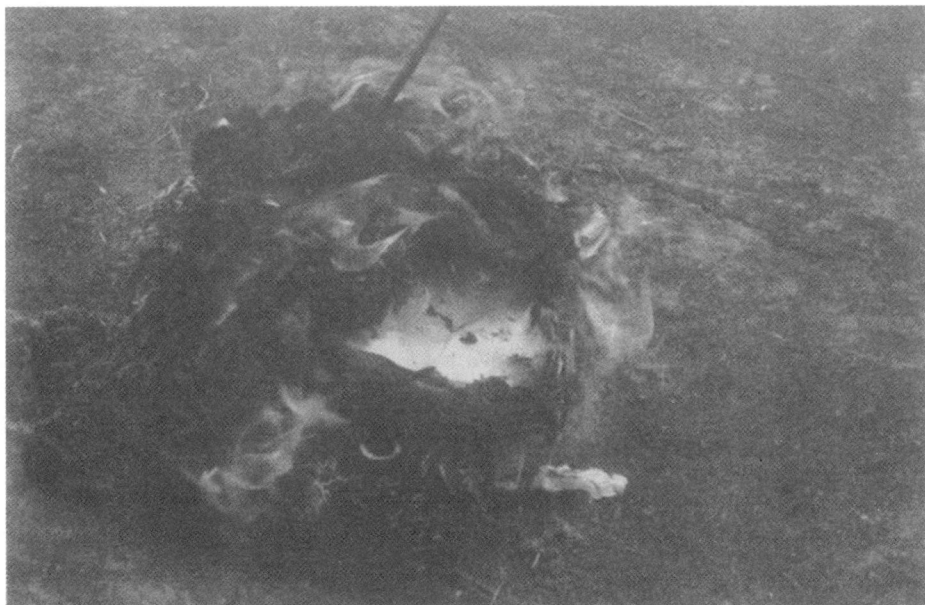

飘舞的五色纸钱，又是一种奇特的点缀。民间信仰认为，清明节之前，逝者的魂魄可能还没有来取这些"钱"，清明节是他们取"钱"的最后一天。因此，在清明节之前，坟茔上的五色彩纸条再漂亮也没有人敢去碰一下，连牧儿、樵夫，也只敢欣赏，不敢动手，最多预为"瓜分"。

清明一过，逝者的魂魄已经将"钱"取去了，插、挂在坟茔上的五色彩纸条，已经失去了"钱"的意义，在人们眼中，又恢复成了五色彩纸条。于是，他们按照预先谈判商定的"瓜分"计划，对"势力范围"内所有坟茔上的五色彩纸条甚至其

烧纸钱

他形式的纸钱，来个"大扫荡"，然后互夸，争艳斗富。"禁火寒食"的风俗早就已经消失了，但是，清明时节祭墓，大量的纸钱仍不焚烧，这明显是"禁火寒食"风俗流行时的遗俗。有的地方，从清明祭墓发展起来的祭墓风俗中，也保留了不烧纸钱的寒食祭墓遗俗。如福建的将乐、归化等地，以三月为小清明，八月为大清明。每年小清明祭一次墓，大清明再祭一次。有的人家，小清明时，或可失祭；但大清明时，却无家不祭。他们在大清明祭墓时，也不焚烧纸钱。所以，每当此时，茔坟密集之地，纸钱遍野，如雪如霞。由以上几则事例可见寒食祭墓之俗的影响是多么深远了。

宋代寒食期间祭墓，凡是新坟，一般都在清明节这一天祭扫。后世寒食节式微后，新坟也还是在清明节这一天祭扫。清屈大均《广东新语》卷九云："清明有事先茔，曰拜清；先期一日，曰划清；新墓必以清明日祭，曰应清。"新坟在清明节这天祭扫之俗，至今仍在许多地方流行。

寒食祭墓，以一月为期，故有"寒食一月节"之谚。清明祭墓，有的地方是从清明前一天到立夏日这一段时间内任意择

烧纸钱祭拜祖先

金银纸钱

日行之,也是一月之期。(顾禄《清嘉录》卷三)大部分地区,一般以在清明前、清明日祭扫为多,当代也是如此。如是则有"清明时节雨纷纷,路上行人欲断魂"这样的诗句。

寒食或清明祭墓,实兼许多便利。其时春景方盛,郊行祭墓,无寒暑之苦,有踏青行春之乐;古代寒食节行禁火寒食之俗,寒食其间多美食,便于准备祭品;麦方秀,菜方华,祭墓有祈请老祖宗保佑使庄稼获得好收成之意在;百草早青,棘蔓始长,此时芟除最易,若墓地草旺盛,藤纵横,易招来牛羊,残踏之余,粪便狼藉,有污墓地,且若引来野火,毁树燎坟,更非吉祥;此时雨水渐多,易坏坟墓,故在祭墓时预加修整。正是因为如此,再加上我国传统的尊崇祖宗的观念,清明祭墓之俗,也就是古代寒食祭墓之俗,到今天仍是十分流行。只是祭祀的仪式,不像古代富贵之家那样隆重、那样讲究罢了。

除祭墓外,清明时节,许多地方又有家祭之俗,即在家里祭祀祖先。清顾禄《清嘉录》卷三云:"人无贫富,皆祭其先,俗呼过节,凡节皆然。盖土俗,家祭以清明、七月半、十月朔为鬼节;端午、冬至、年夜为人节。

逢鬼节，则祭用麦面，烧纸焚锭，亦鬼节为盛。新丧终七而未逾年者，多招释氏羽流，讽经礼忏，以资冥福，至亲往拜灵座，谓之新清明。"北方有些地区的清明家祭之俗，与南方颇有不同。如《万全县志》云清明曰："各家皆供神主，晚并于门前焚香，点锡箔纸钱，妇女坐地哭泣，谓之送纸。亦有于先一日晚送纸者，谓之新坟（死未逾三年者），今晚所送者为旧坟（死已多年者）。"

当代许多地区的农村，至今仍盛行清明家祭之俗。在清明前后各十天，共二十天这段时间内的某一天，在家里的堂上，摆供桌，设祭品，点香烛，敬酒上饭上菜，行跪拜之礼，焚烧纸钱，然后礼毕，灭香烛，撒祭品。

古代，在清明前后那段时期，本来就有庙祭之俗，在家庙中祭祀祖宗。这一风俗，后来又派生出寒食祭墓之俗，因此，寒食祭墓的仪式中，有的明显来自于庙祭。不过，清明前后的庙祭之俗，仍然存在。无庙阶层的人们，就仿照有庙阶层，在家里祭庙祖先，这就是家祭。后来，随着社会的发展，人口的繁衍及其流动量的增大，

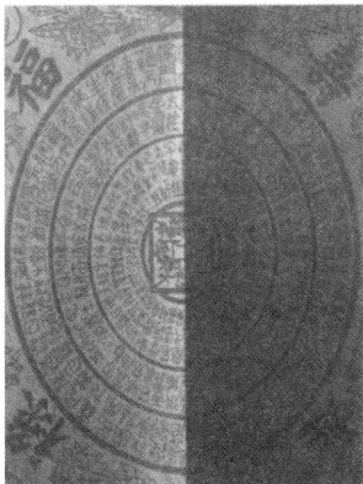

金银纸钱

宗族社会分崩离析，原来的大家庭，分解成许多独立的个体家庭。于是，许多本来属于有庙阶层的人们，也就没了宗庙。家祭之俗，也就更为普遍了。

（二）清明节的节日品格

由上文对祭祖扫墓这一节俗的分析可以看出，一个发展成熟的节俗绝不会在一时一地轻易产生，而是要靠一种文化的传承作为根基，其间变化的多是一些形式上的内容罢了。就如我不断强调的，清明之所以在今日仍盛行于全国，是因为其节俗中有深入人心的部分，甚至让人难以抗拒，欲罢不能。此中缘由无疑跟我国重宗法、遵孝道、敬祖宗、

清明时节

信鬼神的传统观念有关，这也是清明节最重要的节日品格的体现。

在此提到了清明节的节日品格，我说正是基于此，清明节才在我们心目中占有了极其重要的地位。而这种节日品格到底是什么呢？就是中国文化深层次的对祖先的敬仰、感恩、尽孝道的那一部分，它与清明节扫墓祭祖、祭奠先人的活动相联系，产生了内在的驱动力，让人由心底产生一种责任感。"春风重拂地，佳节倍思亲。"这句诗就能很好地概括传达出人们普遍的

清明节是祭扫先人坟墓，追念先人功德的日子

内心感受。清明节就是一个祭扫先人坟墓，追念先人功德的日子。也就是在清明扫墓这一节俗上，中华民族的高贵品质，慎终追远的文化精神得到了最大程度的体现。了解到了这一点，就可以说是了解了清明这个节日之所以为重的根本。

六、清明节的节日文化

清明是扫墓祭祖的重要日子，节气里大地回春，柳绿花红，正是郊游踏青、赏春探春的时光。在这样一个美好的季节里，伴随着清明节日的到来，其间多有节日文化相伴。清明节郊游嬉戏的习惯，早在唐朝就已经形成，与踏青郊游相伴相生的还有荡秋千、拔河、采百草、放风筝、蹴鞠、打马球、插柳、植树等节日风俗。祭祖扫墓和踏青游玩，构成为后世清明节并行不悖的两个组成部分。如果说清明节因祭祖扫墓而凸显出它的节日品格，那么郊游踏青就可以从另外一个层面，展示清明节的节日文化。下面就让我们看看伴随郊游踏青而产生的清明节的节日文化。

清明踏青

清明时节

　　清明，是个踏青的好季节。考察一下唐代的寒食节，我们可以看到有很多关于踏青郊游和与之相关的各种节日游戏活动的记载。说起在寒食节形成这种踏青郊游习俗，实属合情合理。试想在那个春光明媚的节气里，一扫寒冬带来的凉意，万物复苏，芳草青青，怎能不让那些在郊外祭扫完先人墓碑的人们流连徘徊？加之唐时寒食节是有"休假"规定的，这样一个又有充裕时间，又有合适场所、节气的出游机会，相信人们自然不会虚度吧。可随着这种扫墓完毕就在郊外踏青的行为在全国的蔓延，唐王朝开始担心那些人将扫墓看

清明的油菜花与踏青
的人们

淡转而趋向于出外游玩，这显然与清明这个节俗的初衷不符。于是，唐王朝政府三令五申，不许扫墓时游玩作乐，在此举几个例子，比如白居易在《和春深》这首寒食诗中就曾写到："何处春深好，春深寒食家。玲珑镂鸡子，宛转彩球花。碧草追游骑，红尘拜扫车。秋千细腰女，摇曳逐风斜。"荡秋千、踢球、开怀畅饮，诗中为我们呈现出如此欢乐喜气热闹的景象，这又在哪点上能符合了李唐王朝颁布的"不得作乐"的规定呢？换言之，放达的唐朝人的生活又怎能受到一纸条文的制约呢？张籍在《寒食书事二首》中云："今朝一百五，出户雨初晴。舞爱双飞蝶，歌闻数里莺。"孟郊的《寒食》诗中也写到："一日踏青一百回，朝朝没脚走芳埃。"看来个性张扬的唐人，在寒食节到了郊外，在祭奠先人的同时，是绝对不会放过尽情娱乐的大好时机的。

宋代每遇寒食、清明，市民常常倾城而出，典籍记载汴京"四野如市"，真是一派壮观奇景，真有些元宵节花市、灯市的味道。《武林旧事》有记："每年春暖花开之时，春游最盛。"游人"至暮不绝"，"贵游巨室，皆争出游，谓之'探春'。"这是一个有趣的现象，在这样一个热闹的节日里，等级制度也变得不那么森严，试想在人山人海中哪还能分得清贫贱富贵，又有谁会在意平日里那高高在上的"贵游巨室"呢，真是一派祥和的景象啊！宋代诗人吴佳信在《苏堤清明即事》云："梨花风起正清明，游子寻春半出城。日暮笙歌收拾去，万株杨柳属流莺。"正是对这景象的极佳概括啊！

和踏青相关，清明还出现了戴柳踏青、放风筝、荡秋千、百戏表演等一系列活动。唐人曹松在《钟陵寒食日与同年裴颜李先

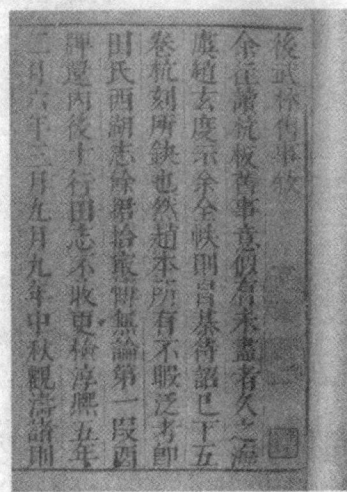

《武林旧事》书影

清明节的节日文化

111

辈校书郊外闲游》一诗中写到："寒节钟陵香骑随，同年相命楚江湄。云间影过秋千女，地上声喧蹴鞠儿。何处寄烟归草色，谁家送火在花枝。银瓶冷酒皆倾尽，半卧垂杨自不知。"可见戴柳踏青、放风筝、荡秋千、蹴鞠、拔河、斗鸡、百戏表演等节日文化已经形成了。

插柳戴柳是清明的又一趣习，所以过去清明节又称插柳节。插柳戴柳有多种形式，最常见的是将柳条插在门楣上，妇女以戴柳作时令的点缀，孩子则用柳条编成帽子戴在头上。因城里的柳树不是很多，所以人们往往是在踏青回来时折上几枝柳条，或插或戴。《帝京景物略》中就记述了清明踏青游人插

清明柳树

清明节又称插柳节

柳的习俗。

清明插柳戴柳还有一种说法：原来中国人以清明、七月半和十月朔为三大鬼节，是百鬼出没讨索之时。人们为防止鬼的侵扰迫害，而插柳戴柳。柳在人们的心目中有辟邪的功用。受佛教的影响，人们认为柳条可以驱鬼，而称之为"鬼怖木"，观世音以柳枝沾水济度众生。北魏贾思勰《齐民要术》里说："取柳枝著户上，百鬼不入家。"清明既是鬼节，值此柳条发芽时节，人们自然纷纷插柳戴柳以避邪了。

此外，清明插柳戴柳相传还与介子推的传说有关。相传介子推是死在一棵烧焦

清明放风筝的孩子们

的大柳树旁，而那棵本已死去的柳树却在第二年春天转活过来，人们以为是介子推的神明在庇护这棵大柳树，那么它的枝条自然也就带有避邪除灾的功效了。总之，民间对插柳戴柳的动机有各种各样的说法，有避邪除灾之说，有求生保健之说，但不管怎么讲，最终都是寄予了平安美好的心愿。

放风筝也是清明时节人们所喜爱的活动。唐代诗人高骈写有《风筝》一诗："夜静弦声响碧空，宫商信任往来风；依稀似曲才堪听，又被移将别调中。"风筝真正的命名，《询刍录》记载：风筝，即纸鸢，又名风鸢。五代时李邺于宫中做纸鸢，引线采风为对，后于鸢首以竹为笛，风入笛管发出悦耳之声，好似"筝"鸣，俗称风筝。

风筝起初只限于皇宫贵族中的公子、佳人玩赏，到了宋代以后，才成为民间群众喜爱的一种活动。风筝既是一种美丽的民间工艺品，又是大众娱乐品，历来受到文学家的传唱。《北京竹枝词》也对风筝有生动的描绘："风鸢放出万人看，千丈麻绳系竹竿。天下太平新样巧，一行飞上碧云端。"早在清朝时，风筝已在扎、糊、绘、放四艺上发展到相当精致的程度。曹雪芹在北京西山"穷居著书"时，细究风筝扎糊之法，还写了《南鹞北鸢考工志》一书。

清明放风筝已经成为一种习俗

书中详细介绍了翼燕、双鲤、彩蝶、螃蟹、宠妃、双童等四五十种风筝的扎、糊、绘、放等技法和工艺。此外，古代放风筝又是与祛晦气联系在一起的。

每逢清明时节，人们不仅白天放，夜间也放。夜里在风筝下或风稳拉线上挂上一串串彩色的小灯笼，像闪烁的明星，被称为"神灯"。过去，有的人把风筝放上蓝天后，便剪断牵线，任凭清风把它们送往天涯海角，据说这样能除病消灾，给自己带来好运。《红楼梦》中就有这样一段描写：林黛玉不忍将制作精巧的风筝放掉。李纨劝她："放风筝图的就是这一乐，所以叫放晦气，你该多放些，把病根儿带去就好了。"而当紫鹃要去拾断了线的无主风筝时，探春又劝阻："拾人走了的，也不嫌个忌讳？"可见古时放风筝是人们消灾去难的手段，不能去拾别人的风筝，以免沾上别人的晦气。也有人在放风筝时，把所有的烦恼写在纸上，让它随风筝飞上蓝天，认为一切烦恼都会随风而去。

荡秋千是我国古代清明节习俗。秋千，意即揪着皮绳而迁移。它具有悠久的历史，最早叫千秋，后为了避忌讳，改为秋千。

荡秋千

古时的秋千多是用树枝为架，再拴上彩带做成。后来逐步发展为用两根绳索加上踏板的秋千。秋千之戏在南北朝时已经流行。《荆楚岁时记》记载："春时悬长绳于高木，士女衣彩服坐于其上而推引之，名曰打秋千。"唐代荡秋千已经是很普遍的游戏，并且成为清明节习俗的重要内容。由于清明荡秋千随处可见，元明清三代定清明节为秋千节，皇宫里也安设秋千供皇后、嫔妃、宫女们玩耍。荡秋千不仅可以促进健康，而且可以培养勇敢顽强精神，加之其玩法简单，所以流传至

清明荡秋千

清明与寒食

蹴鞠塑像

今。

下面再说一说蹴鞠。"鞠"是一种皮球。"蹴鞠"即用脚去踢球，是古代清明节时人们喜爱的一种游戏。据《说苑》记载，相传为黄帝发明，目的是用来训练武士。

"鞠"在战国时代已开始流行。当时的鞠"以皮为之，中实以毛"。唐代用动物的膀胱为球胆，内中充气，增加了球的弹性，可拳打脚踢。

大约在汉代有了关于蹴鞠的专著《蹴鞠经》。唐宋时出现了蹴鞠的专门组织球会"圆社"。杜甫"十年蹴鞠将雏远，万里秋千习俗同"的诗句

唐代打马球雕塑

说明在唐朝时，清明蹴鞠已十分兴盛。

唐人仲无颜在《气球赋》中描写了足球赛的情景，"寒食景妍，交争竞逐，驰突喧闹，或略地以丸走，乍陵空似月圆"。当时的球赛有两人对踢的"白打"，即以踢的花样和次数多少决定胜负；亦有三人踢的"官场"。到了宋代，开始使用球门，同时有了评判胜负的裁判员，此为现代足球的前身。蹴鞠不仅在民间十分流行，在宫内也是如此。韦庄在《长安清明》中说："内宫初赐清明火，上相闲分白打钱。"王建在《宫词》中亦说："殿前铺设两边楼，寒食宫人步打球。"

韦应物《寒食后北楼作》中"遥闻击鼓声，蹴鞠军中乐"的诗句，说明除了民间和宫廷，军队中也开展踢球活动。

据说唐僖宗非常喜欢踢球，他曾对俳优石野猪夸口说："腾若步打进士，当得状元。"宋徽宗也非常喜欢蹴鞠，高俅之所以深得徽宗宠信，并被封为太尉，就是因为他"踢得好脚气球"。可见在唐宋时期，这项节日活动的地位是非常高的。

此外，古人的清明节节日活动还有很多，比如拔河、斗鸡等等，这些都流传至今。